메타버스
인공지능의
시대

미래직업 다이어리 3

오준원, 김보연, 이우탁, 이상문, 김현정, 홍연선, 변문경 지음

다빈치 books

『미래직업 다이어리』 시리즈

청소년들에게 미래에도 사라지지 않을 직업군을 소개하며, 자신의 롤모델을 찾고,
나의 재능영역을 돌아볼 기회를 제공할 것이다.

『미래직업 다이어리 ❶』

『미래직업 다이어리 1』에서는 투유드림 웹툰 기획자 신도형 부사장, 엔씨소프트 리니지2 게임개발자 한재혁 PM, 인터파크 인공지능 개발자 이정훈, 메타버스 교실 메타스쿨을 만든 미래 교사 박찬, '선덕여왕'과 '올인'을 제작한 전 드라마 제작자이자 스토리텔링 연구가, 교육자 김태원 대표, 융합 콘텐츠 크리에이터 변문경, 웹툰 '흡혈고딩 피만두'의 작가 탐이부 등 학생들이 희망하는 미래 직업을 가진 저자들이 꿈을 이루며 성장해온 과정을 소개한다.

『미래직업 다이어리 ❷』

『미래직업 다이어리 2』에서는 SBS '정글의 법칙' 김준수 PD의 예능 PD로의 진로를 소개하고, 서울대학교 영상의학과 최승홍 교수가 인공지능과 협업하는 미래 의사에 대해 설명한다. 또한 경향신문사 엔터부 이유진 기자를 통해서 미래 기자라는 직업에 대해 함께 상상해 볼 수 있다. 또한 '무공으로 레벨업하는 마왕님' 웹소설 작가인 아이박슨 작가가 웹소설 작가가 되는 과정을 소개하며 자신의 웹소설 기획안과 콘티를 전격 공유했다. 그리고 지능형 과학실을 기획, 개발하는 데 참여하는 손미현 선생님이 미래 교육 콘텐츠 개발자가 어떤 일을 해야 하는지 소개한다. 마지막으로 연료전지를 만드는 김정현 교수가 연구자 및 교수가 되는 과정에 대해 자세히 알려준다.

미래 직업 다이어리 ❸

오준원, 김보연, 이우탁, 이상문, 김현정, 홍연선, 변문경 지음

다빈치 books

★★★

기획 의도

　메타버스, 인공지능을 빼면 이제 미래를 상상할 수 없다고들 합니다. 이미 우리는 물리적인 환경이 아닌 온라인 디지털 환경에서 더 오래 생활하고 있으며, 온라인에서 더 많은 소비를 하게 되었습니다. 4차 산업혁명과 메타버스 중심 산업 구조의 변화로 이제 과거의 교육방식은 더 이상 미래를 보장해주지 못합니다. 명문대학 입시에 성공했다고 해도 취업이 보장되지 않는다는 것을 이미 많은 사람이 알게 되었습니다. 한 개인이 어떤 지식을 배워서 직업을 얻고, 문제 해결에 사용할 수 있는 주기가 급속도로 짧아지고 있기 때문입니다.

　이미 세상은 변했고 모두가 교육 혁신이 시급하다고 입을 모읍니다. 하지만 실제로 교육에서 무엇을 어떻게 혁신해야 할지는 잘 알지 못합니다. 특히 융합 크리에이터나 인공지능 분야는 급속도로 일자리 수요가 늘고 있지만, 공급은 부족한 미래 직업에 관한 진로 가이드는 별로 없습니다.

　미래 직업에 대한 이해를 도와, 학생들이 변화한 세상에서 진로를 스스로 찾아갈 수 있는 신선한 가이드가 되기를 바라며 이 책을 함께 쓰고 또 편집했습니다. 특히 이 책은 학생들이 관심 있어 하는 보드게임 개발, 연기, 숏폼 콘텐츠, 고미술품 감정, 출판, 메타버스 디자인 등의 분야에서 활발히 활약하고 있는 분들이 직접 자신의 직업을 소개하고, 진로에 대해 가이드를 하는 형태로 제작되었습니다. 이 책을 읽은 많은 학생들이 메타버스, 인공지능의 시대에서 '내가 잘하는 것, 내가 좋아하는 것'을 토대로 진로를 설계할 수 있게 되기를 진심으로 바랍니다.

저자 일동

Contents

CHAPTER 01   보드게임 개발자

세상을 담아내는 또 하나의 플랫폼, 보드게임 작가가 되다!

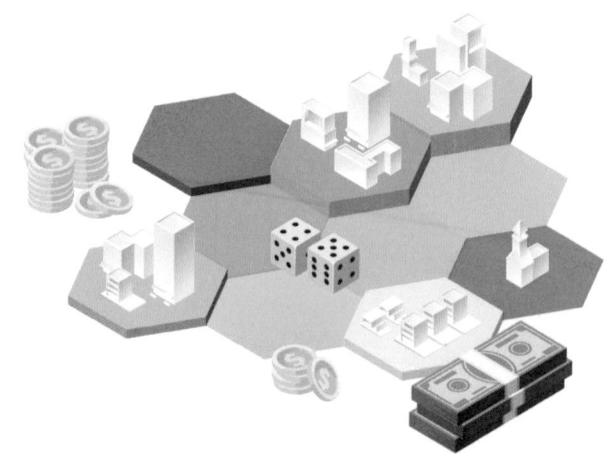

CHAPTER 02   좋은 배우의 조건

누구나 한 번쯤 꿈꾸는 직업, 배우

CHAPTER 03   숏폼 콘텐츠의 미래

숏폼 콘텐츠란 무엇인가?

CHAPTER 04   과거와 현재를 잇는 고미술품 감정사

고미술품(골동품) 감정사, 고루해 보여요?

CHAPTER 05　미래 출판편집자 되기

미래의 출판인을 환영합니다!

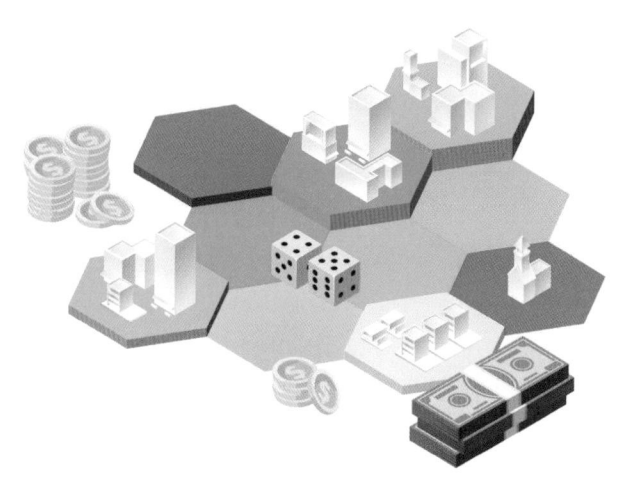

CHAPTER 06 메타버스 가상공간 디자이너

메타버스 가상공간 디자인하기

오준원(저스틴 오)

보드게임 개발자 및 개발사 ㈜젬블로 대표
㈜젬블로 대표이사

현 게임인재원 게임기획팀 교수 ㅣ 전(사) 한국보드게임산업협회 협회장
전 김포대 게임콘텐츠학과 교수 ㅣ 한국콘텐츠진흥원 평가위원
보드게임 지도자 자격증 강사 ㅣ 전 게임아카데미 기획팀 교수
개발 및 기획 게임 : 젬블로, 톡톡우드맨, 피라미스, 골드네어, 라온, 칼라미오,
칼라미오 아트, 블링블링잼스톤 등 80개의 보드게임 개발
E-mail: justin@gemblo.com

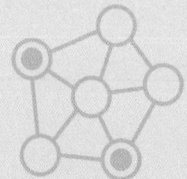
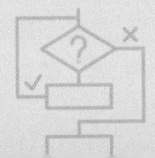
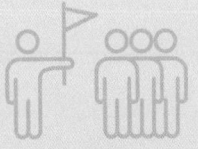

CHAPTER
01

보드게임 개발자

세상을 담아내는 또 하나의 플랫폼, 보드게임 작가가 되다!

안녕하세요? 저는 보드게임 개발자이자 ㈜젬블로라고 하는 보드게임 개발사를 운영하는 오준원입니다. 보드게임 작가라고 하는 분야는 아직 한국에서는 생소한 분야입니다. 하지만 여러분은 좋아하는 보드게임이 한 가지 이상 있을 정도로 그동안 보드게임을 많이 해보셨을 겁니다. 여러분이 해보신 보드게임들은 사실 모두 개발자가 있습니다. 가  끔 개발된 지 너무 오래되어 누가 개발했는지 알 수 없는 게임들도 해보셨을 텐데, 그런 게임들을 제외하면 대부분 개발자가 있습니다. 보드게임직

(BoardGameGeek)이라는 해외 사이트에 등록된 보드게임의 숫자만 12만 개가 넘으며, 매년 새로 만들어지는 보드게임의 수도 3천 개가 넘습니다. 그래서 여러분께 보드게임 개발자는 어떤 일을 하고 있고, 여러분의 삶 속에 보드게임이 어떤 의미가 있는지 말씀드리고 싶습니다.

게임 좋아하던 청년, 보드게임 세계에 눈 뜨다

대학을 다니면서 그전에는 못해보던 오락실과 PC방을 방문해 즐기던 시절이 있었습니다. 어려서부터 게임을 좋아했지만, 자주 할 수 없어서 초등학교 때는 노트에 게임을 직접 그리고 만들어서 반 아이들과 해본 경험도 있습니다. IT 회사에 다니면서 틈이 나면 PC 게임들을 해보며 게임기획자가 되면 재미있겠다는 생각을 자주 했습니다. 하지만 스타크래프트나 디아블로

등의 게임들을 좋아했던 당시에는 혼자서 게임을 만든다는 것은 상상도 할 수 없는 일이었습니다. 그렇게 허황한 꿈이라고만 생각하며 생활을 하던 차에 보드게임 카페에서 현대식 보드게임들을 해보면서 큰 충격을 받았습니다. 그때까지만 해도 보드게임이라는 것은 부루마블이나 윷놀이, 체스, 장기, 바둑 정도만 알고 있었기 때문에 디자인이 이쁘고 아이디어가 기발하지만, 간단하고 그러면서도 상당한 전략이 필요했던 현대식 보드게임은 그야말로 신세계였습니다.

직장생활을 하면서 만난 신세계여서 퇴근 시간마다 보드게임들을 하나씩 구매해 지인들과 플레이해보고 연구를 시작했습니다. 그때 푹 빠졌던 게임들이 카탄, 카르카손, 아발론 등이었습니다. 보드게임에 매료되었던 첫 번째 이유는 혼자 개발할 수 있다는 점이었습니다. 두 번째 이유는 내 아이디어를 사람들과 마주 앉아서 공유하고 재미를 줄 수 있다는 점이었습니다. 그리고 세 번째 이유는 사람들에게 인기를 얻게 되면 오래도록 사랑받는 스테디셀러가 될 수 있다는 것이었는데 이 점이 저에게 참 매력적이었습니다. 죽어서도 이름을 남길 수 있는 나만의 창작물이 있으면 얼마나 좋을까 하는 생각을 가졌던 저에게 보드게임이라는 콘텐츠는 저의 도전 욕구를 크게 자극하는 목표가 되었습니다. 여러분에게 부탁드리고 싶은 것이 있습니다. 늦어도 상관없으니 내 가슴이 뜨겁게 불타오르는 그 무언가를 열심히 찾아보시라는 것입니다. 저는 20대 중후반이 되어서야 즐거운 일을 찾았습니다.

무턱대고 보드게임 개발에 착수하다

직장생활을 하며 퇴근 후에 아이디어를 내면서 시간을 보내는 것이 마냥 즐거웠습니다. 어떤 게임을 만들까를 고민하며 여러 가지 아이디어들을 내다가 보석처럼 반짝반짝하고 구성물 자체가 아름다운 게임들이 별로 없다는 점에 착안하여 보석 모양의 구성물로 된 보드게임을 만들어야겠다는 계획을 세웠습니다. 나름대로 틈새를 노려보려고 노력한 셈입니다. 보석 모양이 가장 잘 느껴지는 도형으로 육각형을 선택하고 어떤 게임을 만들까 상상을 하면서 종이에 여러 가지 도안을 그려보았습니다. 그러다 아이디어가 더 잘 떠오르는 방법이 무엇일까 궁리 끝에 아크릴 공장을 찾아가서 여러 가지 형형색색의 아크릴판을 육각형 모양으로 잘라 달라고 부탁했습니다.

한 달 치 월급의 절반이나 투자한 육각형 아크릴 조각들을 잔뜩 사서 집에 와 바닥에 펼쳐놓고 뿌듯해하던 기억이 납니다. 육각형 조각들을 올려놓을 육각형 보드 판을 폼보드에 볼펜으로 그리고 그 위에 조각들을 올려놓으면서 오목도 둬보고, 육각 바둑도 둬보고, 땅따먹기도 해보고 한 20여 가지 게임 방법들을 만들면서 가장 재미있는 방법을 찾기 시작했고 그때 했던 땅따먹기 방식이 지금의 '젬블로'라는 보드게임으로 탄생하게 되었습니다. 육각형 블록들을 다섯 개씩 붙여서 땅따먹기했던 방식이 최초의 버전입니다. 그렇게 게임을 하다가 네 칸짜리, 세 칸짜리 등 더 작은 블록을 함께 쓰니까 빈 곳에 촘촘히 블록이 놓여서 보드를 더 축소할 수 있어서 좋았습니다. 그렇게 보드게임 규칙의 구성물의 형태에 대한 초기 개발을 마친 후, 학교에서 배웠던 수학 실력을 총동원해서 구성물에 대한 세부 기획에 들어갑니다.

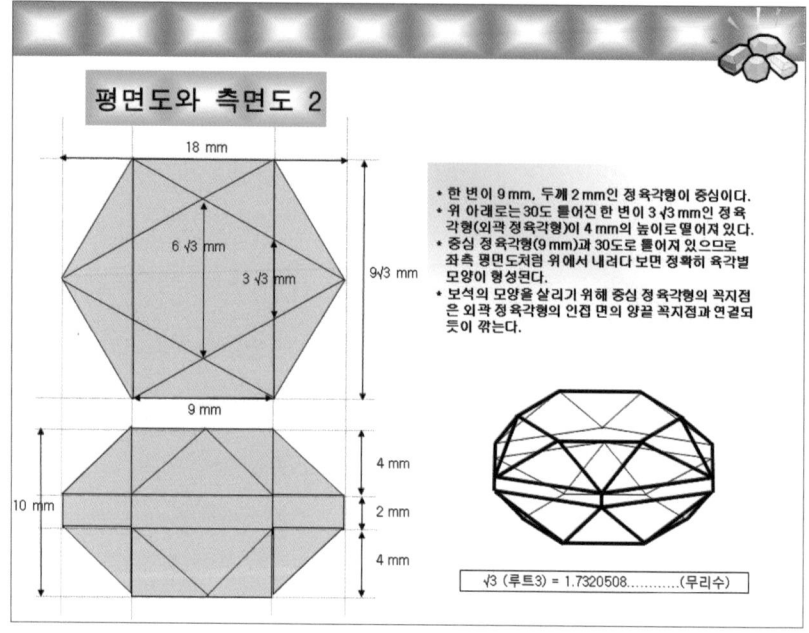

젬블로 초기 평면도와 측면도

회사에 다니면서 파워포인트를 열심히 배워놨기 때문에 파워포인트 위에 젬블로 구성물들에 대한 평면도, 측면도 등을 그리기 시작했습니다. 제가 습득한 방법들로 할 수 있는 기술들을 총동원한 셈이죠. 구성물이 보석처럼 보였으면 하는 바람으로 블록 하나하나가 보석 같은 모양이 될 수 있도록 파워포인트에 입체도를 그려보았습니다. 쉽지 않았고, 파워포인트로 작업하는 것이 적합하지는 않았지만 하나하나 표현되어 가는 것이 참 즐거웠습니다. 내가 즐거우면 몰입이 되고, 몰입되면 초능력이 생긴다고 지금도 믿고 있습니다. 여러분도 자기 자신에게 즐거운 일을 찾아야 하는 이유입니다.

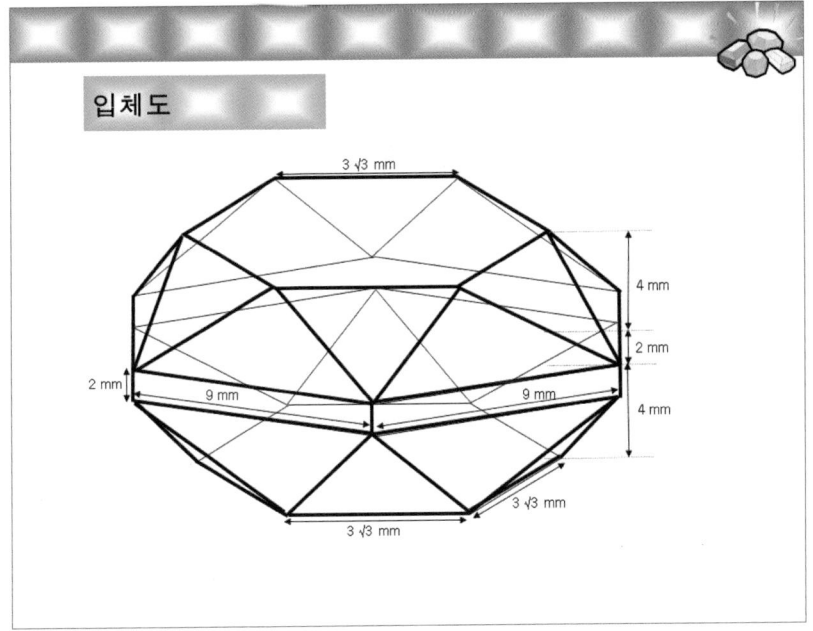

입체도

젬블로 초기 입체도

블록 하나에 대한 평면도, 측면도, 입체도까지 그리는데 일주일은 걸렸던 것 같습니다. 크기와 각도, 두께 등이 이렇게 저렇게 바꿔보면서 최적의 크기를 찾기 위한 작업이었으니까요. 이렇게 완성된 블록 모형을 이제 연결해서 붙이면서 다양한 블록들의 모형을 만들어냈습니다.

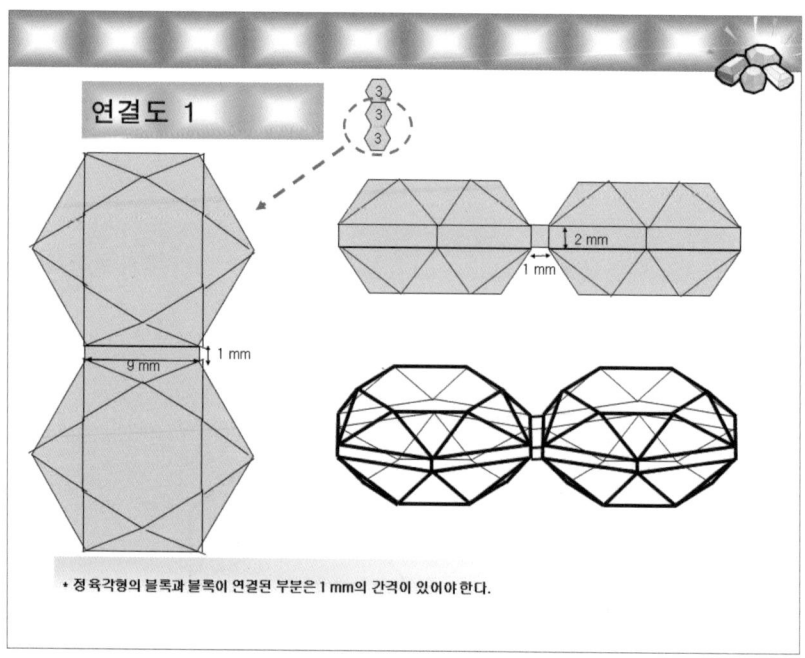

젬블로 블록들의 연결도 1

블록과 블록이 일정한 간격으로 떨어져 있어야 블록들을 게임판에 붙여서 놓아도 뜨지 않으리라 생각해서 간격을 만들되 쉽게 부러지지 않을 정도의 두께까지 고려하면서 작업했습니다.

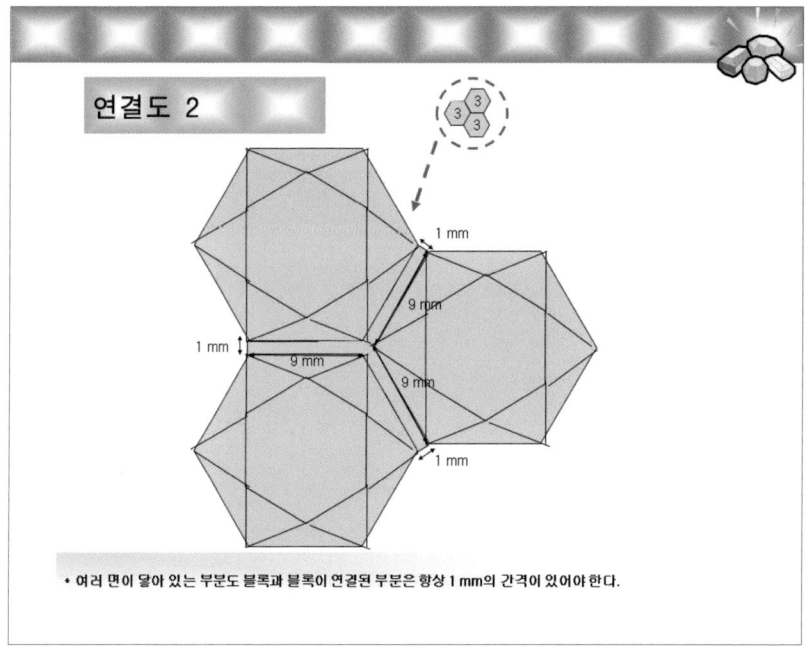

연결도 2

1 mm

9 mm

1 mm

9 mm

9 mm

1 mm

• 여러 면이 닿아 있는 부분도 블록과 블록이 연결된 부분은 항상 1 mm의 간격이 있어야 한다.

젬블로 블록들의 연결도 2

　그리고 한 칸짜리 블록부터 다섯 칸짜리 블록들까지 게임에 적합한 블록들을 선택하느라 많은 밤을 지새웠습니다. 경우의 수를 모두 계산해서 다 넣으면 블록이 너무 많아지고 그러면 게임판 또한 상당히 커지기 때문입니다. 결국 최적의 숫자를 계산한 것이 18종류의 블록이었습니다. 이렇게 18종류의 블록을 선택하기까지 테스트로 해본 플레이의 횟수만 약 300회 정도 되었습니다. 그만큼 내가 생각해본 가설을 증명하고 최적의 결과를 만들어내기 위해 정말 큰 노력이 필요하다는 것을 절실히 느꼈습니다. 테스트를 많이 해본 만큼 내가 만든 샘플 게임의 문제점들이 많이 나와서 출시 전 게임으로 완성해내는 데 큰 도움이 되었습니다.

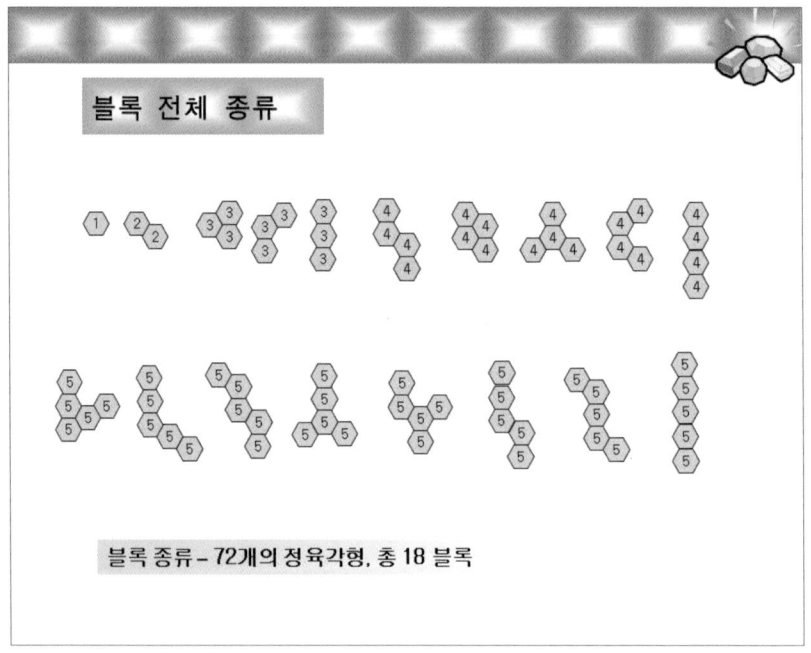

게임판을 만드는 과정 또한 녹록지 않았습니다. 중요하게 생각했던 것은 블록들의 총 육각형 칸 개수와 게임판의 칸 개수와의 비율이었습니다. 블록의 육각형 칸 개수가 게임판의 칸 개수보다 월등히 많으면 게임 플레이 후 플레이어들에게 게임판에 놓지 못하고 사용하지 못한 블록들이 너무 많이 남게 되어 플레이어들의 성취감을 떨어뜨릴 수 있습니다. 반대로 블록의 육각형 칸 개수가 게임판의 칸 개수보다 월등히 적으면 플레이어들의 실력과 상관 없이 모든 플레이어가 자신의 블록들을 모두 게임판에 놓을 수 있게 되어 게임의 변별력이 없어지고, 승패가 잘 가려지지 않는 재미없는 게임이 될 수 있습니다. 그래서 최고의 요리사들이 가장 맛있는 레시피를 만들 수 있도록 음식 재료 간의 비율을 연구하듯이 저 또한 블록의 육각형 칸 개수와 게임판의 칸 개수 간 최적의 비율을 찾기 위해 테스트를 많이 했습니다. 젬블로의 특성상 내 블록들끼리 붙일 수 없고 한 칸 띄워 한 줄로 연결하는 규칙이고,

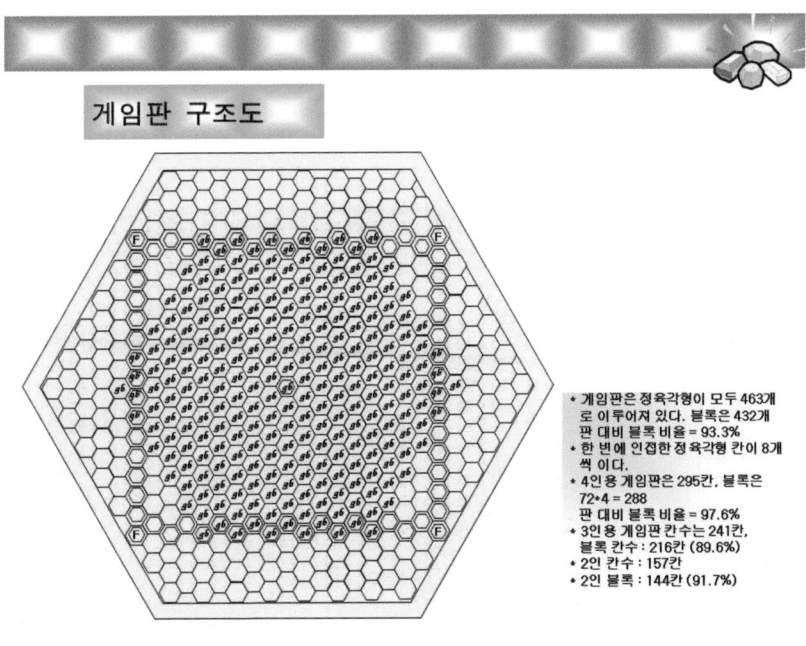

게임판 구조도

• 게임판은 정육각형이 모두 463개로 이루어져 있다. 블록은 432개 판 대비 블록 비율 = 93.3%
• 한 변에 인접한 정육각형 칸이 8개씩 이다.
• 4인용 게임판은 295칸, 블록은 72*4 = 288 판 대비 블록 비율 = 97.6%
• 3인용 게임판 칸수는 241칸, 블록 칸수 : 216칸 (89.6%)
• 2인 칸수 : 157칸
• 2인 블록 : 144칸 (91.7%)

생각이 세상 밖으로 나오는 과정

따라서 블록들끼리 띄워지며 빈칸이 많이 생길 수 있음을 고려하여 블록의 칸 개수가 게임판의 칸 개수보다 10% 내외로 적게끔 기획하는 것이 가장 재미있었습니다.

　머릿속으로만 생각했던 것들이 오랜 고민을 통해 눈앞에 놓이게 되는 순간은 정말 짜릿한 순간입니다. 육각형 아크릴 조각들을 순간접착제로 붙이고 폼보드에 볼펜으로 칸들을 그려서 테스트하던 순간이 그러했고, 수많은 시간 동안의 기획을 통해 게임 규칙이 구체화하여 테스트해주던 주변의 지인들이 재미있다고 한 판 더 하자고 했던 순간이 또한 그러했죠.

그렇게 즐거운 순간들을 보내면서 책을 쓰는 작가들처럼 저 또한 보드게임 출판사가 있는지를 열심히 찾아보았지만 2003년 당시에는 보드게임들을 출판해주는 출판사들이 거의 없던 시절이었습니다. 그래서 고민을 하다가 아버지 회사의 도움을 받는 방법으로 가닥을 잡았습니다. 하지만 아버지도 저도 보드게임을 제작해본 적이 없었기에 주말에 제가 제작 관련 정보를 알아보고 직접 발로 뛰면서 여러 방법을 찾아보게 되었는데 지금 생각해보면 지칠 겨를도 없이 만드는 과정이 재미있어서 참 행복하게 작업했던 순간들이었습니다. 아버지와 함께 금형 공장도 알아보고, 미팅도 하고 샘플을 제작해보면서 게임의 구성물에 대한 제작의 가능성이 커지게 되었는데, 문제는 게임 박스와 매뉴얼 등의 디자인 패키지를 어떻게 해야 하는지 경험이 없다는 것이었습니다.

보드게임은 외국이 큰 시장이어서 경험도 없던 초보였지만, 그래도 나름대로 수출까지 고려해야 한다고 생각하고 제 영어 회화 선생님과 그의 친구들을 설득하여 박스 패키지에 들어갈 플레이 사진들도 찍고 박스 디자인 구성도 해보는 과감한 시도도 해보았습니다. 여러분들에게 꼭 말씀드리고 싶은 게 있는데, 생각만 하지 말고 반드시 행동으로 옮겨보라는 것입니다.

중국 모사 화가의 작품과 박스 전면 이미지

때로는 생각만 하고 있다가 겁이 나게 되거나 혹은 생각이 막혀서 행동으로 옮길 엄두도 못 내고 끝나는 경우가 많습니다. 저는 고민하고 계획하다가 막히면 계획한 부분까지 행동으로 옮겨보는 일을 많이 했습니다. 그것이 돌파구가 될 때가 많았습니다. 여러분들께도 추천해 드리고 싶은 방법입니다.

박스 전면 디자인을 고민할 때도 마찬가지였습니다. 지금은 제가 운영하는 회사에 디자이너들이 많아서 원하는 디자인을 원하는 시기에 뽑아낼 수 있지만, 그 당시에는 20대 직장인이고 경험이 부족했던 저로서는 박스 디자인을 해결할 방법을 찾느라 상당한 시간을 보낼 수밖에 없었습니다.

우선 16세기부터 전해 내려오는 고전 게임 같은 느낌을 주고 싶다는 생각 하나로 콘셉트를 잡고 유화로 그림을 그리는 서양화가를 알아보니 당시에는 감당하기 힘든 돈이 필요했기 때문에 계속 다른 방법을 찾아보며 시간을 많이 지체했습니다. 이렇게 시간만 보낼 수가 없었기에 인터넷에서 16세기 전후의 유명한 작품들을 검색해서 다운받았습니다. 그렇게 다운받은 그림들이 300장 이상이었습니다. 그 그림들을 살펴보면서 원하는 자세를 취하고 있는 사람들을 오리고 붙인 뒤 프랑스 궁전 내부 사진을 위에 얹으니 16세기의 인물들이 젬블로를 하는 듯한 그럴싸한 이미지가 완성되었습니다.

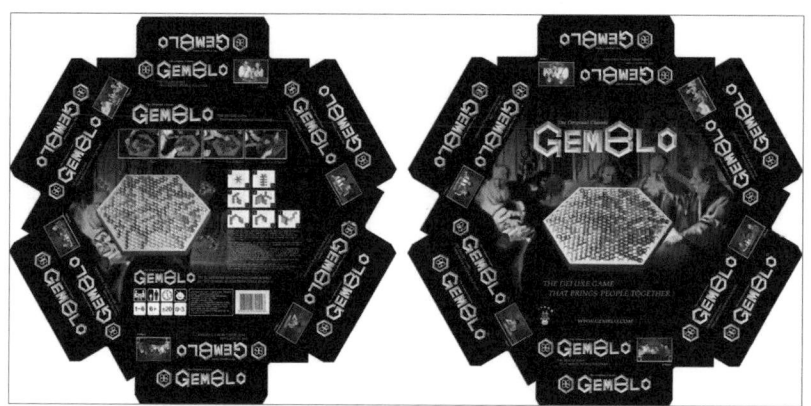

젬블로 초기 모델의 박스 상, 하 이미지

　이것을 그대로 쓸 수는 없었기에 궁리를 하다가 발견한 것이 중국의 모사 화가들이었습니다. 국내의 모사 화가 작품은 가격이 비싸고 부탁한 이미지와 너무 똑같이 그려서 그대로 쓰는 것과 다를 바가 없었던 반면, 중국의 모사 화가 작품은 가격이 싼 대신 맡긴 이미지와 비슷하지 않아서 이게 무슨 모사 화가냐는 불평을 인터넷에서 보고 무릎을 '탁' 쳤습니다. 제가 딱 원하던 것이었으니까요. 그래서 제가 보낸 이미지와 많이 달라진 그림을 저렴하게 받을 수 있었습니다. 그렇게 젬블로 초기 모델의 박스가 완성되었습니다.

　특이한 방법으로 저렴하게 만들어낸 유화 그림을 바탕에 깔고, 플라스틱 구성물들을 사진으로 찍어서 가운데에 올린 후, 외국인 모델 사진들을 테두리에 넣으니 박스가 그럴듯하게 만들어졌습니다. 게임 로고가 상당히 중요한데 어떻게 만들어야 할지 그것 또한 고민이었습니다. 로고 전문 업체에 맡기면 매우 비싼 작업비가 들었습니다. 하는 수 없이 GEM+BLOCKS를 합성해서 GEMBLO라는 이름을 직접 만들었고, 황금 게임판의 느낌을 로고에 넣어 금장 글씨처럼 볼펜으로 윤곽을 수십 차례 반복하여 그려 로고의 형태를 잡았습니다. 그렇게 초기 콘셉트를 다 정한 후 작업을 맡기니까 비용이 상당히 절약되었습니다. 고민하는 만큼 방법들이 있게 마련이고, 개발자가 주요한 콘셉트를 많이 생각해낼수록 비용이 절약된다는 것도 경험했습니다.

직접 판매처를 찾아다니며 게임을 판매하던 시절의 한 매장

팔 곳이 없어서 직접 들고 뛰던 태동기의 보드게임 시장

제작과정에서 조금이라도 아끼려고 노력을 많이 했지만, 처음 해보는 일이다 보니 엉뚱한 곳에서 큰 비용이 나가게 됩니다. 세 군데 공장에 가격 비교를 한 후 가장 나은 공장을 선택했지만, 비용을 맞추려면 5,000개를 만들어야 한다고 해서 믿고 진행했고, 금형비도 애초 협의보다 상승한 가격을 부담해야 하는 등 큰 고비들을 만나서 예산 대부분을 다 쓰다시피 하는 위험한 상황에 직면하기도 했습니다. 그래서 제작이 끝난 후 창고에 쌓인 게임 5,000개를 직접 들고 뛰는 수밖에 없었습니다. 책을 쓰는 작가처럼 보드게임 작가가 돼보고 싶다는 생각에서 시작한 일이 이렇게 직접 판매처를 찾아다녀야 하는 엉뚱한 방향으로 바뀌게 되었습니다. 지금은 코리아보드게임즈, 젬블로, 한올앰앤씨, 피에스컴퍼니, 아인교육 등 보드게임을 출판해주는 출판사들이 있어서 여러분의 아이디어를 담당자에게 보내고 좋은 기회를 만나면 출판될 수도 있는 상황이지만, 그때는 그럴만한 보드게임 출판사들이 거의 없는 것이 또 하나의 난관이었습니다.

내가 만든 게임을 직접 홍보하다

이 글을 읽고 있는 여러분들은 저마다 형형색색의 꿈과 관심사들이 있으실 겁니다. 그 꿈에 먼저 도달한 성공사례들은 인터넷으로 검색하면 쉽게 찾아볼 수 있을 겁니다. 성공한 사람들을 보면 주변에서 그 사람들을 취재도 하고, 수많은 SNS 피드에 올라가고, 방송으로도 나옵니다. 성공한 사람들은 보통 자신이 나서서 자신의 창작물이나 활동들을 직접 알리기보다 주변에서 조명해주는 것이 더욱더 많음을 아마 느끼실 겁니다. 그것만 보시면 절대 안 된다는 말씀을 드리고 싶습니다.

누구나 시작하는 단계가 있고, 아무도 모르던 시절이 있으며, 자신이 직접 자신을 알리지 않으면 누구도 알아봐 주지 않는 시간에서부터 출발합니다.

전국 보드게임 카페, 대학교 등에서 젬블로 대회 진행 사진

이 기간을 즐기지 못하면 쉽게 지칠 수 있습니다.

임대창고에 쌓인 젬블로 5,000개를 보며 큰일 났다는 생각보다 어떻게든 들고 뛰어야겠다는 생각을 먼저 하고 주말마다 다닐 곳을 찾고 또 찾았습니다. 2003년 말부터 보드게임 카페들이 급격히 줄어드는 시기였지만 전국에 남아있는 보드게임 카페들의 문을 두드렸습니다. 그리고 그 카페의 사장님을 잘 설득해서 게임을 즐기고 있는 분들께 젬블로 미니 대회를 진행하고 현장에서 4등 안에 드신 분들께 선물들을 건넸습니다. 누가 보면 영락없이 영업사원이나 행사담당자로 보일 수 있는 상황이었지만, 그때 창피하게 생각하지 않고 전국에 있는 카페, 대학교 등 100여 곳을 뛰어다녔던 것이 지금 생각해도 참 잘한 일이었습니다.

내가 남들 앞에 나서서 알리는 것이 창피하면 내가 만든 작품은 세상에 첫발을 내디딜 기회를 잃는 것입니다. 이것은 지금도 제가 철칙으로 생각하며 실천하는 부분입니다. 여러분이 앞으로 어떤 창작활동을 하든, 창작 결과물을 가장 많이 알려야 하는 사람은 바로 여러분입니다.

해외시장의 문을 두드리다

2003년 말부터 2005년까지 국내의 보드게임 시장은 태동하는 단계여서 제가 만든 신작 보드게임을 많이 알릴 수도, 원하는 만큼 판매할 수도 없었습니다. 그래서 큰마음을 먹고 2006년에 독일 에센(Essen) 지역에서 열리는 슈필(Spiel)이라는 세계 최대 보드게임 박람회에 참가했습니다. 여러분이 꿈꾸는 일이나 관심사가 국내에서 얼마나 많은 관심을 받고 있고 시장이 형성되어 있는지를 조사하는 것도 중요하지만, 해외에서의 상황도 함께 조사하고 특히 전 세계에서 어느 국가가 그 분야의 선두인지도 심도 있게 알아봐야 합니다.

여러분이 진정 그 분야에서 최고가 되고 싶은 열망이 있다면 그 분야에서 최고의 기술과 환경, 시장을 형성하고 있는 곳이 곧 여러분에게 최고의 학교가 될 수 있기 때문입니다. 학교를 졸업하고 나면 여러분이 어떤 꿈에 도전하든 학교처럼 가르쳐주는 곳이 없습니다. 여러분이 배우고 키운 능력을 토대

2006년 독일 에센의 슈필 박람회 젬블로 부스

로 이제부터는 스스로 직접 찾고 배워나가는 수밖에 없습니다.

저도 그런 생각으로 2006년 10월, 젬블로 홍보부스를 준비했습니다. 무역회사에 연락해본 것도 처음이고, 배에 제 게임을 실어본 것도 처음이며, 박람회장에서 게임들을 어떻게 받는지, 시연하고 남은 것들을 가지고 올 때는 어떻게 해야 하는지 아무것도 몰랐지만 무작정 부딪혀 봤습니다. 너무나 다행스러웠던 것은 해외 게이머들이나 업체들에 처음 선보인 게임이라 신선하게 보였는지 가져갔던 젬블로 300개가 박람회 기간 4일이 다 지나기 전에 모두 판매되었다는 사실입니다. 그때는 돈 상자에 가득 담긴 유로화를 보며 얼마나 기뻤는지 모릅니다. 그때의 경험을 토대로 2019년까지 한 번도 쉬지 않고 에센 박람회에 참가하고 있습니다.

젬블로의 다양한 수출 버전

해외시장의 문이 열리고 한국에서 더 유명해지다

2006년 슈필 박람회를 시작으로 2008년까지 3년간 꾸준히 참가한 결과 해외에서도 알려지기 시작했고 2008년 독일의 3대 기업 중 하나인 슈미즈 슈필레(Schmidt spiele) 회사와 수출 계약을 체결하였습니다. 독일에 수출되면서 대만, 홍콩에도 수출하고, 미국에도 진출하면서 미국의 최대 펀딩 사이트인 킥스타터(Kickstarter)에서도 펀딩을 진행했습니다. 얼마 후 영국에도 수출하면서 다양한 국가에 젬블로를 수출할 수 있었습니다. 여러분께 꼭 드리고 싶은 말은 여러분이 관심 있는 분야에서 가장 발전한 곳을 직접 찾아가 보는 용기를 가져야 하고, 해외에서 열심히 배워서 작은 결과라도 만들어 돌아온다면 그 결과는 결코 작은 결과로 끝나지 않을 것이라는 사실입니다. 실제로 해외 여러 나라에 수출하게 된 이후, 한국에서 규모가 큰 총판회사와 2013년에 재계약이 되어 그 뒤로 한국에서의 판매량이 꾸준히 늘게 되었습니다.

젬블로를 완성한 후 2003년 말부터 한국에서 유통과 마케팅을 시작했지만 2010년까지 상당히 긴 시간 동안 한국에서 좋은 성과를 내지 못하고 실패로 끝날 수도 있었습니다. 하지만 해외 박람회를 꾸준히 참가한 것이 작은 불씨가 되었습니다. 여러분이 앞으로 도전할 관심사에 지치지 않고 다양한 시도를 해보라고 권해드립니다. 특히 이제는 전 세계가 하나로 연결되는 세상이므로 세계 시장에도 관심을 가지길 바랍니다.

게임에 대한 아이디어를 내는 다양한 방법들

게임을 만들고 강의를 하다 보면 가장 많이 듣는 질문 중 하나가 "젬블로 개발자님은 어디에서 아이디어를 그렇게 얻으시나요?"라는 질문입니다. 개발자마다 다양한 노하우를 가지고 있을 텐데, 저는 어디에서 게임 아이디어들을 얻었었는지 한번 정리해보았습니다.

1) 번뜩 떠오르는 직관적 아이디어

2018년에 개발한 마블 봅슬레이의 새 버전

골똘히 보드게임 생각만 하다 보면 사무실에 앉아 있거나 산책할 때 혹은 샤워 중에도 번뜩이는 아이디어가 떠오를 때가 있습니다. 자주 있는 일은 아니지만 좋은 아이디어라고 생각되면 황급히 메모해둡니다. 그렇게 적어 놓은 아이디어들이 좋은 작품으로 이어질 때가 있는데 '마블 봅슬레이'가 바로 이 사례 중 하나입니다. 특정 색깔 구슬들을 굴리다가 같은 색깔 구슬이 두 개가 되는 순간 깃발을 확 뽑으면 깃발에 막혀있던 각자의 구슬들이 경주해서 도착 지점에 먼저 골인하면 이기는 게임, 재미있겠는데! 하고 생각했던 것이 이렇게 게임으로 나왔습니다.

2) 직관적 아이디어들을 편집하면서 완성된 아이디어

직관적인 아이디어들이 떠오르지만, 작품이 되기까지는 더 많은 아이디어가 필요한 경우들이 오히려 더 많을 겁니다. 이럴 때도 작은 아이디어들을 놓치지 않고 어딘가에 메모해서 나중에 찾아볼 수 있도록 해야 합니다. '톡톡 우드맨'이 바로 이 방식으로 개발한 게임입니다. 2008년에 개발을 시작해서 무려 3년이 넘는 시간 동안 아이디어를 조금씩 개선하고, 개선한 아이디어로 샘플을 만들어서 테스트하고, 다시 테스트한 내용을 반영해서 개선하는 작업을 정말 오랫동안 했던 작품입니다.

처음에는 동전을 쌓아놓고 톡톡 치면서 균형을 잡고 동전을 빼내던 단순 아이디어에서 출발해서 나무로 샘플을 만들고, 다시 나무를 조각내서 껍질만 떨어지게 했다가 나무 재질의 문제점을 보완하기 위해서 금형을 제작한 후에 플라스틱 제품으로 완성하였습니다.

2011년 작 '톡톡 우드맨'과 2021년 작 '신비아파트 톡톡 우드맨'

3) 기존의 정보들을 편집하여 만든 아이디어

보드게임에 관해 공부를 많이 하다 보면 다양한 정보들을 기록해놓고 나의 지식으로 쌓이면서 이러한 정보들을 머릿속으로 잘 편집하고 결합하면 좋은 아이디어가 되는 경우들도 많습니다. 이래서 자기가 관심 있는 분야에 대해 시간이 날 때마다 책도 찾아보고 검색이나 영상 등을 통해 다양한 자료를 수집할 필요가 있습니다.

제가 2016년에 출시한 진로·직업 탐구게임 '잡스'는 그렇게 탄생했습니다. 게임 방식은 기존에 알고 있던 셋 컬렉션, 베팅 등의 게임 규칙들을 잘 조합하였고, 진로·직업이라는 영역은 전문적인 영역이어서 전문가분들의 조언을 참고하여 '잡스'라는 게임을 완성하였습니다.

2016년에 개발한 진로·직업 탐구게임 '잡스(JOBS)'

4) 온몸을 활용하는 보디스토밍으로 만든 아이디어

브레인스토밍(brainstorming)이라는 얘기를 들어보셨겠지만, 보디스토밍(bodystorming)이라는 용어는 생소하실 수도 있습니다. 보디스토밍이란 사용자가 실제로 사용하는 환경을 몸으로 표현하면서 아이디어를 얻는 방법인데, 개그맨 이정수 씨와 함께 카페에서 사람들이 손을 쓰면서 무언가 재미있는 게임을 할 수 있으면 너무 좋겠다는 아이디어에서 출발해서 테이블 위에 손을 올리고, 사물들을 튕기며 잡고, 손가락 사이에 끼우며 다양한 아이디어를 냈습니다. 그렇게 모인 아이디어들로 손가락 올림픽을 해볼까? 하고 아이디어를 냈다가 좀 더 보드게임 테마에 맞게 아이디어를 수정한 것이 바로 2018년에 완성한 '핸드 서커스'라는 작품입니다.

5) 언어를 활용해서 만든 아이디어

우리가 쓰는 말들을 게임화한 스토리텔링 게임도 있고, 말로 잘 설명해야 높은 점수를 얻는 퀴즈 게임 등도 있지만, 언어 그 자체에 재미있는 아이디어를 더해서 만들어진 게임들도 있습니다. 2008년 당시 알파벳 게임은 2,000가지가 넘는데 제대로 된 한글 보드게임이 없다는 것을 발견하고 한글 게임을 만들기 위해 약 2년 동안 연구를 했습니다. 영어와 달리 한글은 초성, 중성, 종성이 결합하여 한 글자씩 읽히고 사용되기 때문에 보드게임에 적합한 타일 게임으로 만드는 것이 상당히 어려웠습니다. 그리고 영어에는 애너그램이

라는 언어유희의 역사가 깊어서 게임화하기에 더 좋은 환경이었죠. 한글에서도 애너그램이 잘되도록 그리고 타일의 종류를 줄여서 모든 단어가 표현할 수 있도록 개발하여 2010년

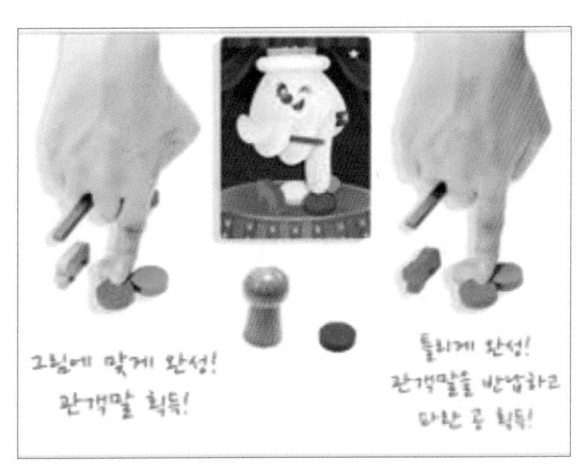

그림에 맞게 완성!
관객말 획득!

틀리게 완성!
관객말을 반납하고
다른 곳 획득!

2018년에 개그맨 이정수 씨와 함께 개발한 '핸드 서커스'

에 출시한 게임이 한글 게임 '라온'입니다.

2010년 개발한 대한민국 최초 한글 타일 게임 '라온'

　　한글 게임 '라온'과 관련해서는 여러분들에게 알려드리고 싶은 것들이 많습니다. 우선 우리가 주변에서 당연하다고 생각했던 것들을 조금은 다른 시선으로 볼 필요가 있습니다. 영어를 사용하는 사람들은 Listen이라는 단어의 스펠링들을 다시 재배치하여 Silent라는 단어로 만드는 놀이를 어려서부터 배우고 자신의 언어생활에 활용합니다. 해외 영화에서는 이런 애너그램을 영화 속에서 암호를 푸는 소재로 많이 사용합니다. 그런데 한글에서는 그런 것이 잘 사용되지 않습니다. '반사'라는 단어가 있다고 했을 때, 이 단어에 들어가는 모음은 90도씩 돌려서 다양하게 사용될 수 있고, ㄱ은 ㄴ으로도 사용할 수 있다고 가정하면 '보석'이 될 수 있습니다. 한글에서는 없으면 어떻게 만들 수 있을까? 그것을 연구한 것이 한글 게임 '라온'이 나올 수 있었던 중요한 단서를 제공했습니다.

　　그리고 한글의 자음들을 쌍자음까지 모두 더하면 19가지, 모음들을 이중

모음들까지 모두 더하면 21가지나 됩니다. 알파벳이 26개인 것과 비교하면 타일을 40개나 만들어야 겨우 한 가지씩을 표현하는 것이 됩니다. 빈도수가 많은 자음이나 모음들은 더 많이 넣어줘야 하고, 모음 ㅏ와 ㅗ는 길이도 서로 다릅니다. 같은 자음도 초성에 사용되는 자음 그리고 받침에 사용되는 자음의 크기나 모양이 조금씩 다르죠. 이것을 모두 반영하면 게임을 만들 수 없습니다. 그래서 오랫동안 한글 게임이 나오지 않았을지도 모릅니다. 그래서 저는 조금 다른 시각으로 보았고, 16개의 타일로 압축해서 지금의 '라온'이 탄생하였습니다.

라온은 출시 초반에는 사랑을 받지 못했습니다. 이유는 한글의 자음 모음을 분해해서 새로운 단어를 만들고 노는 놀이문화 자체가 그 당시로써는 낯설었기 때문입니다. 새로운 제품을 만들 때 항상 경계해야 하는 것은 일반적인 사람들의 생각과 새로움 사이의 갭이 너무 크면 안 된다는 것입니다. 그래서 평균적인 사람들의 생각을 조금 앞서는 제품이 크게 사랑받는다고도 합니다. 라온의 경우 그 갭이 너무 커서 사람들에게 익숙하게 되기까지 무려 6년 여의 시간이 걸렸습니다. 판매량이 커지기 시작한 시기가 2016년 정도부터였으니까요. 그렇게 사람들에게 익숙해지고 사랑받기 시작하면서 라온이 스테디셀러의 반열에 오르게 되었습니다. 이렇게 오랫동안 사람들이 즐기는 보드게임이 되면 그 뒤로는 더욱 큰 성장을 기대할 수 있습니다. 더 많은 기회가 생기기 때문입니다. 그러한 기회 중의 하나가 유명 IP들과의 결합입니다. '신비아파트'라는 애니메이션이 국내 1위 애니메이션이 되면서 신비아파트 라이선싱 계약을 통해 신비아파트 라온을 기획하게 되었습니다. 그리고 카카오프렌즈 라온도 만들게 되었고, 무엇보다 기대하고 있는 라온 시리즈는 바로 라온 with BTS입니다. 한국을 넘어 세계적인 뮤지션이 된 BTS와 협업을 하게 된 것이 참 영광스럽고도 꿈만 같은 일입니다.

하나의 보드게임을 성공시키기까지는 수많은 실패와 좌절의 숲을 헤쳐나가야 하지만, 어려움을 이겨내고 하나의 성공한 게임을 만들어낸다면 이와 같은 유명 캐릭터, 유명인들과 함께 협업을 할 수 있는 기회들이 열리게 됩니다. 이 글을 쓰고 있는 지금도 BTS와의 협업은 최고의 순간이라고 생각하지만, 앞으로 죽는 그 날까지 이런 멋진 일들이 더 있을 것이라는 상상을 하면 참으로 설레고, 가슴 뜁니다. 그래서 끝을 볼 때까지 중간에 포기하면 안 됩니다. 여러분이 꿈꾸는 그 길이 맞는다면 한번 끝까지 최선을 다해보세요. 한 발짝만 더 가면 문이 열릴 수 있는데 중간에 포기하는 것이 될 수도 있습니

2011년 출시한 보드게임 '피라미스'

다. 제가 2014~5년에 라온을 포기했다면 이런 작품은 세상에 나오지 않았을 겁니다.

6) 우리 주변의 사물들로부터 얻는 아이디어

우리가 평소에 생활하는 모든 공간에 있는 사물들을 가끔은 눈여겨볼 필요가 있습니다. 여러분이 사용하고 있는 것들이 용도도 조금씩 바뀌고, 크기도 조금씩 바뀌며, 성능도 바뀌고 있습니다. 보드게임 중에는 실생활에서 사용되는 구성물들로 재미있는 아이디어를 낸 게임들도 많습니다.

저도 2009년부터 주사위 혹은 정육면체가 잔뜩 들어간 게임을 만들면 재미있겠다고 생각해서 주사위를 잔뜩 사다가 쌓아도 보고, 지점토에 꽂아도 보면서 그 모양이 너무 재미있어서 그 사물의 형태로부터 아이디어를 얻어

2018년 출시한 '가방 들어주는 아이' 보드게임

개발한 게임이 '피라미스'라는 보드게임입니다. 그 쌓인 형태에서 착안해 피라미드의 옛말인 피라미스를 이름으로 정하고, 뽑는 방식을 행운 뽑기 방식으로 그리고 쌓는 방식을 색깔 셋 컬렉션으로 해서 완성한 게임입니다.

7) 스토리를 통해 얻는 아이디어

보드게임 중에는 영화나 소설을 게임에 그대로 담아낸 작품들도 있습니다. 저 또한 그런 기회가 있었는데, 베스트셀러 『가방 들어주는 아이』를 쓰신 고정욱 작가님을 만나게 되어 그 스토리를 기반으로 하는 보드게임을 만들게 되었습니다. 스토리를 기반으로 하므로 무엇보다 그 스토리가 게임에서 잘 표현될 수 있도록 하려면 어떻게 해야 하는지 고민도 해야 하고 많은 아이디어가 필요합니다. 저는 좀 독특하게 만들고 싶어서 플레이어들이 주인공이 되기보다 주인공들을 움직이며 스토리를 만들어나가는 독자들이라는 콘셉트를 설정했습니다. 그래서 이야기의 줄거리를 카드에 담고, 각자가 가진 카드에 따라 주인공들을 카드가 지정하는 위치로 이동시켜 미션을 달성하는 방식으로 구현한 게임입니다.

보드게임 개발자에 대한 전망

제가 학생들을 대상으로 강연할 기회가 있어서 가면, 항상 빠지지 않고 질문하는 것이 "개발자님은 얼마 버세요?"입니다. 제가 개발자의 길만 걸었다면 지금 판매량으로 봤을 때 억대 연봉이 가능하지만, 개발사라는 회사를 운영하는 대표이기에 투자하는 것도 많다고 이야기합니다. 제가 만든 게임의 소비자가격으로 환산한 연간 매출은 30~40억 원 정도 된다는 말로 설명을 마무리합니다. 이 숫자가 학생들에게는 커 보이겠지만, 사업을 하시는 분들에게는 결코 큰 숫자가 아닙니다.

우리 회사는 2021년인 올해가 18주년인데 이렇게 오래된 회사가 만든 성적치고는 내세울 만큼 크지 못합니다. 그래도 장점이 있다면 보드게임은 스테디셀러가 될 가능성이 작지만 존재하고, '할리갈리'나 '부루마불'처럼 스테디셀러가 되면 수십 년, 수백 년을 사랑받을 수 있는 긴 생명력이 있다는 것입니다. 제가 만든 '젬블로', '톡톡 우드맨', '한글 게임 라온' 등이 스테디셀러가 되어 오랜 시간 사랑받고 있습니다.

보드게임 개발자는 쉬운 직업은 아닙니다. 초반에는 자신의 작품이 없거나 적기 때문에 거기서 나오는 로열티만으로는 생활이 되지 않습니다. 그래서 다른 직업을 가지고 보드게임이라는 취미에 푹 빠졌다가 개발한 작품이 쌓이고 나중에 전업 개발자가 되는 분들도 있습니다.

분명한 사실은 보드게임 시장 또한 전 세계적으로 커지고 있고, 보드게임이라는 콘텐츠는 쓸모가 상당히 많다는 점입니다. 여러분이 어디에서 어떤 일을 하든지 보드게임이라는 취미를 가지고 있다면, 지루할 틈 없이 사람들과 즐겁게 지낼 수 있는 다양한 놀거리를 가지게 되는 것이고, 여러분이 기획하실 때도 보드게임의 게임적 요소들을 적용해볼 기회들도 생길 수 있으며, 교육에 관심이 많으시다면 보드게임은 필수로 연구하셔야 할 게이미피케이션(Gamification, 게임이 아닌 분야에 게임의 구성요소 등을 적용하는 '게임화'를 의미) 도구입니다. 실제로 보드게임 관련 직업들은 한국에도 다양한데, 개발하는 사람뿐만 아니라 그림을 그리는 일러스트레이터, 에디터, 번역가, 마케터, 유통업자 등 다양한 직업군을 형성하고 있고, 학교나 학원 등에서 보드게임을 활용하여 교육하시는 보드게임 선생님들도 계십니다.

그리고 여러분이 좋아하는 게임들 그리고 요즘 자주 등장하는 메타버스 등도 게임적인 요소들이 많이 들어가 있는 것을 해보면 느끼실 겁니다. 우리는 앞으로 더욱더 많은 게임을 하고 살게 될 것이며, 게임적인 사고, 게임적인 활동, 게임적인 의사소통 등 게임이라는 콘텐츠는 여러분의 삶 곳곳에서 활용되고 존재할 것입니다. 그리고 미래는 한 사람이 지금보다 더욱 다양한 직업을 한 번에 갖게 되는 사회라고 합니다. 여러분의 인생에 보드게임이라는 도구를 잘 배치해놓으면 반드시 앞으로 하시는 일에 큰 도움이 될 것입니다.

김보연

배우 ㅣ 1976년 MBC 제8기 공채 탤런트 ㅣ 1978년 대종상영화제 신인상 수상
1978년 1집 앨범 '사춘기'로 가수 데뷔 ㅣ 1983년 대종상영화제 여우주연상 수상
1983년 서울국제가요제 금상 수상 ㅣ 제3회 춘사영화제 여자우수연기상 수상
제18회 부일영화제 여자조연상 수상 ㅣ 2013년 MBC 연기대상 여자 황금연기상
영화, 드라마 다수 출연 중

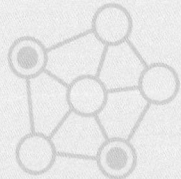

CHAPTER
02

좋은 배우의 조건

누구나 한 번쯤 꿈꾸는 직업, 배우

다른 삶을 살고, 다른 사람이 되어보는 배우

안녕하세요? 배우 김보연입니다. 잠시나마 다른 삶을 살고, 다른 사람이 되어보는 배우라는 직업은 누구나 한 번쯤 꿈꾸어보는 선망의 대상이 됐습니다. 요즘은 부모님들의 적극적인 지원으로 아주 어린 시절부터 본인의 재능을 키우고, 끼를 발산하는 배우 지망생들도 많습니다. 화려한 조명 속에서 다른 사람이 되어보고, 그 모습을 보고 모두가 부러워하며, 한 번쯤 꿈꾸는 배우는 분명 그 어떤 직업보다 멋진 직업입니다.

과거에는 무조건 '외모가 좋은 사람들이 배우를 한다'라고 생각했고, 또 그런 기준으로 길거리 캐스팅되어 우연히 배우가 되는 경우가 많았지만, 요즘은 열심히 노력한 사람이 배우가 되죠. 멋진 외모를 타고났어도 좋은 배우가 되는 것은 아니며 작품 속 다양한 캐릭터가 늘어난 만큼 개성 있는 외모도 대배우가 될 수 있는 시대입니다. 노력 여하에 따라 배우가 될 수 있는 시대인

만큼 경쟁도 더욱 치열해졌어요.

그런데도 꿈을 가진 사람이라면 망설이지 말고 부딪혀보라고 권하고 싶어요. 언제, 무슨 일로 기회를 잡을 수 있을지 예측할 수 없는 것이 배우라는 직업이니까요. 저는 재능을 포함해 열정, 성실함, 좋은 인성만 갖춘다면 누구에게나 기회가 열려있는 분야가 바로 이곳이라고 생각합니다.

1979년 MBC 공채 탤런트로 배우 데뷔한 김보연. 45년째 TV와 스크린을 오가며 활동 중이다.

내가 배우가 된 계기

저는 어린 시절부터 노래 부르는 것을 좋아했어요. 일단 TV에 나오면 가수가 될 수 있을 거라는 생각에 안양예술고등학교 영화연극과에 입학했죠. 기회는 꽤 빨리 찾아왔어요. 당시 학교 교장 선생님의 추천으로 영화에 출연할 기회가 생겼시요, 1974년 영화 '애성이 꽃피는 계절'에서 주인공인 가수 겸 배우 남진의 동생 역으로 나오면서 데뷔할 수 있었죠. 이듬해는 MBC 청소년 드라마 '제3교실'로 TV 연기자의 일을 시작했어요. 영화연극과에 진학하여 배우의 길은 어느 정도 기회가 있었지만, 제 진짜 꿈인 가수가 될 수 있는 길은 쉽게 알 수 없었죠. 누굴 찾아가야 하는지도 몰랐고 또 미지의 세계라 두려움도 있었죠. 우선 경험해본 분야인 '연기자가 되어야겠다'라고 생각하고 방송사 공채 시험을 봤어요. 지금은 없어졌지만, 과거에는 방송사 공채는 배우가 되는 지름길이었어요. 운 좋게도 저는 MBC 연기자 공채 시험에 1등으로 합격했습니다.

제 이름을 알린 작품은 영화 '진짜 진짜 미안해'와 MBC 인기 드라마 '당신'이었어요. '진짜 진짜 미안해'에서는 여주인공의 친구 역으로 출연해 하이틴 스타로 젊은이들의 눈에 띄기 시작했죠. 드라마 '당신'은 김수현 작가님이 쓰신 작품이었는데, 저는 뇌종양을 앓는 여고생 역을 맡았어요. 운 좋게도 연기력을 인정받아 대중들의 시선과 인기를 한 몸에 받게 되었습니다.

게다가 이 드라마를 통해 꿈에 그리던 가수로도 데뷔할 수 있었어요. 방송국에서 "김보연이 노래를 잘한다"라는 소문이 나면서 김수현 작가님이 극 중에 노래하는 장면을 넣어주셨죠. 이 장면을 본 레코드사에서 마치 거짓말처럼 가수 데뷔를 해보자고 연락이 왔어요.

저는 '사춘기'라는 노래를 발표했고 당시 대중음악방송인 '가요톱텐' 5주 연속 1위를 기록하기도 했습니다. 결국, 쟁쟁한 가수들을 제치고 서울국제가요제에 출전해 '사랑은 생명의 꽃'이라는 곡으로 금상을 수상했습니다. 이

김보연의 가수 데뷔 앨범 '사춘기'

때부터 간절히 바라면 언제고 기회는 찾아올 거라는 확고한 믿음이 생긴 것 같아요. 그 덕분에 꿈을 이루게 해준 배우의 삶도 즐길 수 있었지요. 1982년 배창호 감독님의 영화 데뷔작 '꼬방동네 사람들' 역시 배우의 입지를 다져준 작품입니다. 저는 빈민촌에 사는 한 많은 여인 '검은 장갑'이라는 역을 맡아 대중들의 호평을 받았고, 그해 대종상영화제에서 여우주연상을 받을 수 있었습니다.

제가 40여 년 동안 때로는 너무나 즐거워 큰 희열을 느끼다가도 때로는 지난한 경험을 준 다사다난했던 배우 생활을 착실히 이어올 수 있었던 건 최선을 다하면 좋은 결과가 따라온다는 믿음 때문이 아니었나 되돌아봅니다.

배우가 되려면?

배우가 되려면 어떻게 해야 할까요? 요즘은 워낙 다양한 경로로 배우가 되기 때문에 어디가 지름길이고, 무엇이 정답이라고 말할 수 없는 상황이죠. 과거 스타들의 등용문이 안양예고였다면 요즘은 한국예술종합학교(한예종) 출신 젊은 배우들이 눈에 많이 띕니다.

1. 연기 훈련
학원에 다니든, 이른 나이에 소속사 오디션을 보든, 대학에서 전공하든, 아

배우 김보연의 연기 모습

니면 현장에 나와 직접 선배님들에게 노하우를 배우든 좋은 배우가 되려면 훈련이 필요합니다.

연기 강사나 교수님께 지도를 받으면서 특정한 감정을 불러내거나 표현하기에 도움이 되는 연기 기법을 파악하고, 다양한 캐릭터들의 심리를 표현하는 방법론을 익히는 것이 좋아요. 이것들을 자연스럽게 습득하고 나만의 것으로 만들어 응용하기에는 재능 또한 절실히 필요한 것도 사실입니다. 이런 과정은 1~2년에 되는 일은 아닙니다. 최소 5년의 세월이 필요합니다.

2. 선배 배우들의 발자취 따라가기

인터뷰나 자서전, 강연을 통해 선배 배우들의 이야기에 귀 기울이는 것도 필요합니다. 그 안에는 내가 취할 수 있는 노하우가 담겨있으니까요. 그들이 어떻게 배우가 됐고, 캐릭터 분석은 어떻게 하며, 발탁을 위해 어떤 일을 했는지를 간접적으로 살펴보는 일은 큰 도움이 됩니다. 현장에서 유난히 선배들에게 연기를 가르쳐달라고 쫓아다니는 후배들이 있어요. 그들의 눈동자에는 꿈을 향한 간절함을 엿볼 수 있습니다. 선배 대부분은 그 모습에 자신의 오랜 연륜과 쌓인 경험을 아낌없이 알려줍니다. 일단 그런 모습이 선배들이 보기에는 참 예뻐요. 또한, 우리도 과거에 선배들의 노하우를 현장에서 배워왔기 때문에 최선을 다해 가르쳐주죠.

연기는 현장에서 배우는 것들이 참 많습니다. 저 역시 김혜자, 김자옥, 김영애 같은 훌륭한 선배들과 같이 연기를 하며 너무 많이 배웠어요. 그런 것들을 후배들에게 가르치고 싶은 마음이 아주 큽니다. 근데 요즘 친구들은 소속사의 케어를 받기 때문에 신배들과 소통하기를 꺼리거나 어려워하는 이들도 있지만, 가르쳐달라고 하는 후배들은 그 열정이 엿보여서 잘 됐으면 하는 마음이 자리하게 됩니다.

3. 나를 홍보하라!

연예인 신비주의의 시대는 이제 끝났어요. 무엇보다 대중과의 소통이 필요하고 나를 드러내는 것이 중요한 시대가 됐습니다. 배우가 되려면 수단과 방법을 총동원해 자신을 알리고 홍보하는 데 게으르면 안 돼요. 유튜브나 사회관계망서비스(SNS) 등 새로운 미디어들은 새로운 기회를 만들어주고 있지요. 이런 미디어들은 내가 활동했던 작업물들에 대해 다시 보고 정리할 때 매우 유용합니다. 홍보도 열심히 하고 기회가 왔을 때 잡을 수 있는 나만의 무기(재능)를 평소에 잘 갈고 닦는 일도 매우 중요하겠지요.

4. 인맥도 중요하다.

지상파, 케이블 방송사는 물론 OTT 서비스까지 배우가 등장할 수 있는 매체는 많아지고 있지만, 그만큼 배우가 되기 위한 경쟁률도 높아지고 있는 게 현실입니다. 이럴 때는 인맥도 매우 중요하게 작용합니다. 학교나 학원 등은 현직에서 일하는 영화, 드라마 제작자들이 교수와 강사로 많이 참여하는 만큼 성실함과 재능을 보여줄 기회가 되기도 하지요. 함께 연기를 공부하는 동료와의 관계도 중요합니다. 언제 어디서 누구를 만날지 모르니 사람들과의 만남에 대해 늘 신중하고 진정성이 담긴 태도가 필요합니다.

만나자마자 배역을 딸 수 있는 확률은 지극히 낮습니다. 배역을 달라고 해서 단박에 기회를 주는 사람도 없습니다. 그러나 만남에 만남을 거듭하며 조금씩 씨앗을 뿌리다 보면 나도 모르는 사이에 기회라는 새싹이 드러나는 날이 반드시 올 것입니다.

몰입과 집중력을 높여야 연기가 된다

드라마나 영화 제작과정 영상 장면에서 그런 모습을 본 적 있나요? 수십 명의 스태프와 다수의 카메라 앞에서 아무도 없는 것처럼 독백 연기를 하는 연기자의 모습이요. 연기는 곧 몰입과 집중력입니다. '어떻게 저렇게 사람 많은 곳에서 아무렇지 않게 연기를 할 수 있지?'라는 의문이 들 수 있겠지만, 극에 집중하면 신기하게도 스태프들과 카메라가 눈앞에서 사라져요. 그저 상대역의 목소리만 들리죠. 혼자 나오는 신은 온전히 나만의 세계에 빠져듭니다.

다들 나만 쳐다보고 있는데 어떻게 감정을 잡고 눈물을 흘리냐고요? 저는 음악을 많이 듣습니다. 여러분들은 음악을 듣다 기뻐서 혹은 감상에 젖어 눈물이 난 적이 있죠? 저는 눈물을 흘려야 하는 신이나 감정 신이 있는 날은 아침에 일어나 슬픈 음악을 틀고 그런 음악을 들으며 현장에 갑니다. 집중이 필

좋은 배우의 중요한 요건은 때와 장소를 가리지 않고 몰입할 수 있는 것이다.

요할 때도 음악은 도움이 많이 돼요. 일상의 잡생각은 사라지고 온전히 나에게만 집중할 수 있는 상태로 만들어주죠. 수영 선수들이 경기장에 입장하며 음악을 듣는 이유는 집중력 향상 때문이라고 하죠? 그런 맥락과 같다고 할 수 있습니다.

대본을 잘 외우는 능력도 집중력 여하에 있습니다. 공부와 마찬가지로 집중력을 높여 대사를 외우면 머릿속에 쏙쏙 들어오기 마련입니다. 몰입도와 집중력을 높이는 방법은 개인마다 다를 거로 생각합니다. 앞서 말씀드렸다시피 저는 음악을 워낙 좋아하는데 연기에도 큰 도움을 받았습니다. 자기가 온전히 몰입할 수 있는 무언가가 있다면 그걸 적극적으로 이용해도 좋을 것 같습니다.

좋은 배우가 되는 법

좋은 배우가 되려면 재능도 있어야 하고 노력도 필요합니다. 그리고 내 의지로 어찌할 수 없는 얄궂은 '운'이라는 것도 크게 작용하는 게 사실입니다. 그래서 누군가 제게 "좋은 배우가 되는 법은 뭘까"라고 물어본다면 이렇게밖에 말할 수 없습니다. "끝까지 버티는 자, 끝까지 살아남는 자가 곧 좋은 배우가 됩니다"라고요.

매우 현실적인 대답입니다. 무언가를 이루려는 모든 사람이 그렇겠지만 배우의 길도 고난의 길입니다. 아무리 잘 나가는 스타 배우라도 고비나 슬럼프는 오기 마련입니다. 또 송강호, 설경구, 김윤석, 류승룡 배우처럼 젊은 시절에는 연극판에서 고생하다 뒤늦게 빛을 보고 대한민국 대표 배우로 거듭나는 사람들도 많습니다. 도무지 끝이 보이지 않고, 내가 가는 길에 대한 확신이 없어도 연기에 대한 열정, 꿈을 향한 간절함으로 끝까지 버티면 좋은 배우가 될 수 있습니다. 화려한 스포트라이트, 대중들의 환호성을 바라고 배우의 길을 꿈꾼다면 솔직히 권하고 싶지 않은 길입니다. 성공을 위해 어려워도 참고 견디라는 말이 아닙니다. 배고픔을 잊고도 연기가 재미있다면, 지금은 다수의 사람에게 인정받지 못할지언정 작은 무대 위에서라도 내가 행복하다면 저절로 여러 어려움 속에서 충분히 버틸 만한 마음가짐과 상황이 되는 거죠.

황금빛 꿈을 향한 어린 청소년들에게는 쉽지 않은 이야기입니다만 꼭 짚어 넘어가야 할 부분이라 언급하였습니다.

내 생애 최고의 배우는 안성기

저는 안성기 선배님을 존경합니다. 그분의 재능, 성실함 그리고 완벽한 자기관리는 타의 추종을 불허합니다. 안성기 선배님은 제 신인 시절 작품 '꼬방 동네 사람들'에서 함께 연기했기 때문에 20대부터 봐왔습니다. 그야말로 노력형이세요. 아마 제가 그분의 자기관리 노력의 10분의 1만 따라서 했다면 지금보다 더 명배우가 됐을 거로 생각해요.

안성기 선배님은 요즘 말로 '믿고 보는 배우'였지요. 그가 나오는 영화는 무조건 '좋은 영화', '볼만한 영화'라는 공식이 성립되어 있었습니다. 그는 특정 명감독의 페르소나에 안주하지 않았습니다. 명감독은 물론 신인

명감독을 만드는 배우 안성기. 믿고 보는 배우 1호다.

감독까지 편견 없이 작품을 바라봤습니다. 그러다 보니 배창호, 이명세 등 신인 감독을 명감독으로 성장시키는 배우였죠. 좋은 대본이라면 감독의 인지도에 상관없이 출연했기에 안성기라는 배우가 입봉작에 출연해 스타 감독이 된 사람들이 충무로에 많습니다. 지금까지 또 앞으로도 국내 영화계에 나오기 힘든 명배우라고 생각합니다. 앞으로 평가할 지점이 많이 남은 배우이며 동시에 같은 배우로서 너무나 부러운 배우입니다.

배우, 인성이 중요하다

제가 왜 최고의 배우를 안성기 선배님으로 꼽았을까요? 그것은 바로 성공한 배우의 덕목 중 인성이 빠질 수 없기 때문입니다. 수많은 반짝스타를 봐왔습니다. 재능도 있고 노력도 하는 편이고 운도 좋았지만 어떤 이유에서인지 몇 해 만에 사라져간 신인들이 많습니다. 왜 그럴까요? 바로 인성 때문입니다.

작품은 수많은 크리에이터의 손에서 탄생합니다. 그 본질은 기계가 대신할 수 없는 사람 간의 공동 작업입니다. 아무리 잘 나가는 스타라도 현장에서 인성이 좋지 않다고 소문이 나면 조금 더 멋지고 예쁘게 찍어줄 수 있는 신도 정성이 덜 들어갑니다. 반대로 자신의 마음에 드는 배우의 신이 조금이라도 미흡하면 시간이 촉박하더라도 한 번 더 기회를 주기도 하고 조명도 신경 써서 비춰줍니다. 모든 것이 감정을 가진 사람이 하는 일이니까요.

그러니 함께 일하는 스태프들 마음을 사로잡아야 빛나는 스타가 될 수 있습니다. 결국, 스타는 혼자 스스로 빛이 나는 것이 절대 아닙니다. 다듬어주는 메이크업, 스타일리스트부터 예쁘게 찍어주는 조명, 카메라, 연출 감독들까지 그들의 정성이 하나둘 모여 비로소 빛이 난다는 사실을 절대 잊어서는 안 됩니다.

대중들도 배우의 인성을 자연스럽게 작품과 연결합니다. 요즘에는 개인의 사생활 논란이 터졌을 때 작품 전체에 악영향을 미치는 사례도 늘고 있습니다. 작품 중간에 하차하는 때도 있지요. 배우들의 인성이 작품의 성패를 가르는 요소로 작용하는 만큼 제작자들도 배우들이 과거 학교 폭력이나 불미스러운 사생활에 연루되지 않았을지 신경을 많이 씁니다. 아직 어린 친구들이라면 미래 배우의 꿈을 위해 학교생활도 착실하게 하고, 교우관계도 원활하게 이뤄가야 한다는 점은 여러 반면교사를 통해 잘 알고 있겠지요?

현장에서 함께 일하는 동료들과의 작업도 내 욕심만 채우면 안 됩니다. 배우라면 누구나 잘하고 싶고 내가 돋보이고 싶은 욕심이 있겠지만 나만 돋보이겠다고 하면 좋은 장면이 절대로 나오지 않습니다. 배우마다 서로 튀겠다고 하다 보면 그 신은 죽어버립니다. 동료 혹은 선후배가 살아야 내가 산다는 마음을 늘 가져야 합니다.

저는 나이가 들수록 '후배 배우의 역이 살아야 선배가 산다'라는 생각이 더욱더 강해집니다. 최근 제가 출연한 TV조선 드라마 '결혼작사 이혼작곡'의 '동미' 역은 평범한 시어머니 캐릭터가 아니었습니다. 고민이 많았어요. 젊고

촬영은 100% 공동체 작업이다. 상대 배우가 빛나야 내가 빛난다.

TV조선 '결혼작사 이혼작곡'에서 '동미' 역을 연기한 김보연. 가끔 나를 잊고 연기할 때가 있다.

화려하게 차려입으면 대중들의 시선은 잡았겠죠. 저는 거꾸로 평범한 의상과 스타일을 고집했습니다. 일반 사람들과 다른 차원의 상식을 가진 '동미'가 겉모습마저 튀면 오히려 극의 흐름과 균형이 깨지고 이상할 것 같다는 생각이 들었기 때문이에요. 어떻게 하면 후배들의 연기에 묻혀 자연스럽게 갈 수 있을까 하는 고민을 많이 했지요. 한동안 우려 속에서 노심초사했었는데, 결국, 캐릭터가 극에 잘 녹았고 시청자들도 무리 없이 봐주신 것 같아 다행이었습니다.

연기를 하다 보면 어떤 장면에서는 나도 모르는 감정이 저절로 나와 연기가 하나가 되는 순간이 있습니다. 말로 설명할 수 없는 경험입니다. 마치 김보연은 사라지고 배역만 남아 있다는 느낌을 받을 때가 있어요. 그럴 때면 엄청난 카타르시스를 느끼며 '배우가 돼서 참 행복하다'라고 생각합니다. 아마 이런 경험 때문에 40년 넘게 배우를 하는 것이겠죠.

현재 방송 중인 JTBC 드라마 '너를 닮은 나' 촬영 중에도 엄청난 카타르시스를 느낀 적이 있어요. 극 중 아들과 대면하며 눈물을 흘리는 장면이었는데 순간 속에서 무언가가 올라오는 느낌을 받았어요. 마치 신들린 것처럼 말이죠. 이런 연기는 감독이 먼저 알아요. 해당 신을 찍고 드라마 감독이 제게 막 달려와서 "와, 연기 너무 좋았어요!"라고 하면서 엄지를 치켜세우더군요. 배우라면 이런 감정을 한 번씩 느꼈으면 좋겠어요. 정말 연기에 매료되는 순간입니다.

하지만 오랜 기간 연기를 했어도 여전히 스트레스가 큰 현장도 있지요. 때로는 촬영 내내 현장만 가면 코피가 계속 날 정도로 스트레스를 받은 적도 있습니다. 모든 일에는 명암이 있고, 행복과 불행이 공존하지요. 이 마음을 잊지 말고 열심히 하다 보면 분명 좋은 날이 올 것입니다.

'미래의 연기'란 어떤 모습일까?

미래에는 배우라는 직업이 없어질 수도 있다고 합니다. 그래픽의 발달, 인공지능과 로봇의 발달로 배우의 일은 사람이 아닌 다양한 조건을 가진 가상 인물이 할 수 있다는 것이죠.

사람보다 더 사람 같은 버추얼 휴먼이 대중들과 소통에 나섰다.
과연 그들이 미래의 배우를 대신할 수 있을까?

실제로 가상 인물이 실제 사람처럼 말하고 행동하며 모델도 하고 노래도 부르고 광고도 찍는 대중의 인플루언서가 되는 모습도 최근에 늘고 있습니다. 학자들의 예상대로 영화나 드라마 업계에도 버추얼 휴먼이 등장할 날이 얼마 남지 않은 것 같습니다. 캐릭터에 따라 분장도 필요 없고, 아무런 제약 없이 만들어내는 일이 가능하다면 그것이 갖는 작품의 확장성은 엄청날 것으로 생각합니다. 감독의 머릿속에 있는 모든 영상을 완벽하게 구현할 수 있게 되는 것이니까요. 초기 버추얼 휴먼처럼 바이러스만 조심한다면 목숨을 건 위험한 촬영도 마음껏 언제든 찍을 수 있으니 혁명과도 가까운 제작 환경이 되지 않을까 상상해봅니다.

그렇다면 가상 인물들로 인해 기존 배우들의 일자리는 줄어들까요? 저는 옛날 사람이라 그런지 좀 회의적입니다. 반대로 여쭤보겠습니다. 여러분들은 영원히 늙지 않고 어제와 오늘이 같은 모습인 버추얼 휴먼이 연기하는 배역에 온전히 몰입할 수 있고 또 매력을 느낄 수 있을까요? 저는 매우 어렵다고 봅니다. 배우들이 평소 자기관리를 하고 대중과 끊임없이 소통하는 이유는 작품 속 캐릭터로 더 쉽게 다가가고 공감 지수를 높이기 위해서입니다. 가상 인물의 연기는 아무래도 내적 거리감이 존재합니다. 작품도 한 발자국 뒤로 떨어져 볼 수밖에 없지 않을까 하는 조심스러운 사견을 전합니다.

당신의 무대는 글로벌입니다

그룹 빙단소년단, 영화 '기생충', 드라마 시리즈 '오징어 게임', 가요, 영화, 드라마 부문에서 한국 콘텐츠가 글로벌 정상에 올랐습니다. 글로벌 시청자들이 K-콘텐츠의 매력에 푹 빠지고 말았습니다. 배우를 꿈꾸는 여러분들의 무대는 한국이 아닙니다. 그 무대는 전 세계임을 항상 명심하세요.

저는 2019년 tvN 예능 '할리우드에서 아침을'이라

배우로서 제 다음 행보는 할리우드입니다. 활약을 주목해 주세요! 여러분도 더 큰 꿈을 꿀 수 있습니다.

는 프로그램에 출연했습니다. 박정수, 박준금 씨와 함께 LA 현지 에이전트들과 미팅도 하고 오디션도 봤습니다. 영어를 구사할 수 있었기에 더 많은 기회가 주어졌다고 생각합니다. 여러분도 연기 공부뿐만 아니라 어학 능력이나 글로벌 배우 애티튜드를 배워둔다면 그만큼 무대는 넓어질 거로 생각합니다.

저는 실제로 다수의 할리우드 에이전시와 제작사들에서 미팅 요청과 작품 섭외 요청을 종종 받고 있습니다. 코로나19가 잦아들고 치료제가 개발되는 시기, 아마 내년 즈음이겠지요? 미국에 입국해 본격적인 할리우드 진출을 계획하고 있습니다. 현지의 맛을 제대로 느껴보고 오겠습니다.

　한국 나이 65세. 저는 아직 배우로서의 꿈이 무궁무진합니다. 65세라는 나이가 무색할 만큼 하고 싶은 일이 너무나도 많습니다. 앞날이 창창한 여러분은 분명 더욱더 큰 꿈을 꾸실 수 있을 거라 믿습니다. 파이팅입니다!

이우탁

숏폼 콘텐츠 제작자, ㈜그릿인피스 대표이사 ｜ CJ E&M 공채 입사
CJ E&M 스튜디오 온스타일팀 팀장(전사 최연소) ｜ CJ E&M 디지털 콘텐츠 제작 3CP 총괄 책임 프로듀서
하반기 CJ 그룹 공채 제작 PD 작문 출제 위원 및 면접 위원 위촉 ｜ '오픈 드라마 작가 공모전' 심사위원 위촉
'ASIA TV FRUM 2019' 싱가포르 K-Short form 세션 내 패널 참석 및 발제
문화체육관광부 주최 'BCWW 2019 모바일 콘텐츠 대상' 우수상 수상(〈좀 예민해도 괜찮아〉 시리즈, 총괄 기획 담당) ｜ 현 콘텐츠 커머스 기업 ㈜그릿인피스 대표이사

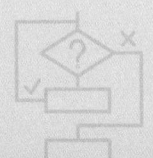

CHAPTER
03

숏폼 콘텐츠의 미래

숏폼 콘텐츠란 무엇인가?

안녕하세요. 숏폼 제작 전문가 이우탁입니다. 저는 디지털 숏폼 콘텐츠에 관해서 이야기해보려 합니다. 여러분은 새로운 미디어 환경의 주된 소비 주체입니다. 분명히 숏폼 드라마, 숏폼 예능을 한 번쯤 보셨을 거로 생각해요. 숏폼 콘텐츠는 무엇일까요? 맞습니다. 여러분이 지하철, 버스 안에서 또 등하 굣길에, 학원가는 동안 혹은 점심시간, 쉬는 시간에 언제 어디서나 모바일 기 기를 이용해 잠깐씩 보는 10분 이내의 짧은 영상물(과거 5분 내외에서 점차 길어지는 중이죠)을 총체적으로 이르는 말입니다.

저는 CJ E&M 디지털 콘텐츠 제작 총괄을 맡으며 〈소녀의 세계〉, 〈부릉부 릉 천리마마트〉, 〈통통한 연애〉, 〈언어의 온도〉, 〈필수연애교양〉, 〈핸드메이 드 러브〉, 〈자취, 방〉, 〈오! 반지하 여신들이여〉, 〈좀 예민해도 괜찮아〉, 〈연애 강요하는 사회〉, 〈고스트 브로스〉 등 드라마만 따져도 모두 언급하기 힘들 정도로 수십 편의 숏폼 콘텐츠를 제작했습니다. 제가 제작한 숏폼 드라마와 예능의 누적 조회 수가 10억 뷰 정도 된다면 감이 올까요? 저는 '숏폼'이라는 단어가 생기기 전부터 제작자들이 다들 꺼리던 숏폼 콘텐츠에 관심이 많았 고, 자진해서 제작에 투입되면서 수많은 시행착오를 겪었습니다. 잃은 것보 다 얻은 것이 많았던 시간이고 그 시간이 쌓여 제가 원하는 제2의 꿈도 키울 수 있었습니다.

혹시 여러분들이 즐겨보는 숏폼 콘텐츠를 감상하며 '나도 이런 영상을 제 작해볼 수 있을까?', '관련 직종에서 일해 볼 수 있을까?' 하고 생각해본 적은 없으신가요? 여러분 꿈에 한 발짝 더 쉽게 다가갈 수 있도록 숏폼 콘텐츠에 관한 이야기를 풀어보려 합니다.

흐름을 읽고 나를 베팅하라

저는 원래 마케팅 전문가가 되고 싶었습니다. 학창 시절 교회 동아리에서 성극 뮤지컬 등 창작활동을 하며 사람들에게 내가 생각한 기획과 메시지, 결과물을 대중에게 공개하고 그들의 반응을 받는 작업을 하면서 큰 희열을 느꼈던 것 같아요.

그렇다면 특정 제품이나 브랜드를 대중에게 소개하고 인지시키는 활동으로 자아실현을 할 수 있겠다는 생각에 이르렀고, 대학에서는 경영학을 공부했지요.

제 사적인 취향을 밝히자면 저는 한국사, 세계사를 포함한 역사에 관심이 큽니다. 특히 역사 속에서 왕조, 나라, 권력자의 변화 혹은 패러다임의 전환으로 한 시대가 다른 시대로 넘어가는 시기에 나타나는 징후들에 관해 관심이 많았어요. 변화 속에서 개인은 어떻게 행동해야 하나, 어떤 것이 지혜로운 결정인가, 대세에 어떻게 올라타야 하는가에 관해서 고민하는 시간도 많았습니다. 이런 부분은 제가 누구나 기피하고 등한시했던 '숏폼 콘텐츠'에 관심을 두게 된 계기와도 연결됩니다.

제가 가장 뇌리에 남았던 한국사의 한 장면은 바로 '병자호란'입니다. 중국 명나라에서 청나라로 바뀌는 시점에 조선은 대세를 읽지 못하고 전쟁이 일어나고 말았죠. 우리 역사 중 매우 뼈아픈 한 페이지로 기록됐습니다. 저는 당시 역사를 읽어 내려가면서 과거 명나라와 사대 관계를 맺었던 조선이 청나라로 바뀌는 시점에서 조선의 지도층은 어떻게 행동했어야 하는가에 관한 생각을 많이 했었어요. 조선은 명나라와 우애가 돈독했기 때문에 임진왜란을 제외하고 200여 년 동안 대륙과 협력적인 관계를 유지하고 꽤 평화롭게 지냈지요. 안일함에 빠졌고 그래서 정세를 알맞게 읽지 못했어요. 주관적인 생각에 빠져 시대가 바뀌었다는 객관적 정보를 받아들이지 못했죠. '그동안 명나라와 잘 지냈는데 무슨 일이 있겠어?'라는 안일한 생각이 지배적이었겠지요.

병자호란을 소재로 한 영화 〈남한산성〉

과거의 성공 공식이 앞으로도 적용될 것인가? 그건 아니라고 생각해요. 그래서 새로운 정보는 항상 객관적으로 수집하고 냉철하게 흐름 파악에 나서야 하는 이유이기도 합니다. 우리는 아픈 역사로 인해 시대 흐름을 읽을 수 있는 자가 큰 그림을 그릴 수 있다는 교훈을 얻을 수 있었지요. 이는 비단 나라만이 아니라 개인에게도 적용되는 것 같습니다. 개인일지라도 거시 환경이 바뀌는 것에 주목하고 그 흐름에 올라탈 수 있도록 준비하는 것도 나만의 미래 전략이 될 수 있습니다.

여러분의 전공이나 진로 선택도 마찬가지예요. 다가올 미래에 대한 흐름을 읽고 과감하게 베팅해보는 것도 젊은 피로서 할 수 있는 일이라고 생각해요. 이제 누구도 가지 않았던 길을 제 발로 걸어갔던 제 이야기를 좀 더 해보겠습니다.

예능 프로그램 최초 100만 구독자를 만들다

저는 지난 2011년 7월 CJ E&M에 인턴으로 입사한 후 그해 12월에 공채 정규직으로 전환됐습니다. 2010년부터 2012년은 소위 '짤방'이라 표현되는 숏폼 콘텐츠의 '조상' 격이 되는 짧은 영상들이 폭발적으로 생산되던 시기입니다. 2010년은 미디어 생태계에 큰 변화가 있었습니다. 애플과 삼성을 필두로 핸드폰 대신 스마트폰이 일반 소비자들에게 대대적으로 공급되고 더불어 미국의 인스타그램, 페이스북이 글로벌 유행을 타기 시작했어요. 사람들이 콘텐츠를 소비하는 방식이 근본적으로 달라지기 시작했죠. 젊은 층은 모바일 기반으로 짧은 호흡의 콘텐츠를 좋아하고 찾기 시작했지요.

저는 CJ E&M 입사 후 tvN으로 발령을 받았어요. 미디어 그룹에서 일하기 시작하면서 저는 이런 흐름의 변화를 바로 앞에서 지켜봤죠. 숏폼 콘텐츠가 태동하기 시작한 시기였지만, 기존 제작자들은 이런 짧은 호흡의 영상들을 제작하고 취급하는 것은 꺼렸어요. 그야말로 '콘텐츠'라는 취급조차 받지 못했죠. 그저 광고를 위한 바이럴 영상이며 1차원적 재미를 위한 '짤방' 혹은 온라인 이슈를 위한 부산물의 기능으로 볼 뿐 작품으로 보려고 하지 않았어요. 그러니 "고급 인력인 PD들이 제작할 것이 아니다"라는 인식이 팽배했어요. "60분 영상을 만드는 PD가 3분, 5분짜리 영상을 만든다고?"라며 어이없어했을 정도죠. 신생 미디어 그룹 중에서도 가장 젊고 진보적인 분위기였던 CJ E&M 내부에서도 이런 분위기였으니 레거시 미디어인 지상파 방송사들은 더 말할 나위도 없죠. 앞서 말씀드렸듯이 '숏폼 콘텐츠'라는 명칭도 없던 시절이었으니까요.

저는 다르게 생각했어요. "분명히 짧은 영상 시대가 온다"라고 판단했습니다. 사내에서 아무도 하지 않으려다 보니 기회는 거저 주울 정도로 많았습니다. 저는 당시 제가 담당하고 있던 프로그램들의 숏폼 영상을 직접 기획하고 휴대전화 카메라로 찍고 편집해 공식 사회관계망서비스(SNS)에 업데이트했죠.

한번은 제가 tvN 예능 〈코미디 빅리그〉의 대기실을 찾아가 비하인드 영상을 찍어 공식 페이스북 페이지에 올렸더니 '좋아요'가 10만 넘게 달리며 큰 호응을 받기도 했어요. 결국, 저는 우리나라 예능 프로그램 최초로 100만 구독자를 만들 수 있었죠. 성과가 눈에 보이다 보니 지체할 수 없었어요. 제 판단이 맞았다는 것을 확인한 후 그때부터 조직 내에서 디지털 마케팅만 쫓아다니기 시작했죠.

'숏폼'의 시대, 올 줄 알았다

모바일 숏폼 업무가 떨어지면 저는 자진해서 손을 들어 시켜달라고 했어요. 다행히 이런 업무를 하고 싶어 하는 사람도 없었으니까 거의 독점적으로 제작에 참여할 수 있었고 그렇게 5년간 모바일 숏폼 업무에 집중할 수 있었습니다. SNS 채널 운영이나 숏폼 제작 업무는 대부분 정규직이 아닌 아르바이트생들이 맡았던 때라 사정을 잘 모르는 주변에서는 제게 "혹시 팀장이나 국장님한테 찍혔냐?"라고 물어보곤 했죠.

저는 대중들이 보고 싶어 하는 비하인드 컷이나 현장 느낌을 재밌게 담아냈고, 누리꾼 시청자들과 소통을 했어요. 사내에서 '숏폼 전문가'라는 평판은 쌓았지만, 업무의 위치나 중요도를 바라보는 관점은 쉽게 나아지지 않았어요. 그렇지만 곧 반전이 일어났죠.

최연소 팀장이 되다

5년이 지나자 사내에서는 '디지털화'가 최대 화두가 되더라고요. 모든 미디어 그룹들이 디지털의 중요성을 강요하기 시작했죠. 사내 조직 개편 역시 디지털 전환이 최대 목표였어요. 그간 제가 해온 활동을 눈여겨보던 제 상사가 라이프스타일 본부 국장으로 승진 발령이 나면서 제게 "같이 가자"라는 제안을 하셨죠. 시청자들은 더 스타일 정보를 방송으로 습득하지 않기 때문에 스타일 채널인 온스타일, 올리브TV, XTM 등은 디지털로 전환해야 한다는 인식이 컸어요.

저는 부서 이동 후 저게 디지털 스튜디오를 세팅하는 미션이 떨어졌고 마케팅 파트장에서 팀장으로 고속 승진을 하게 됩니다. 제 나이 32세에 팀원이 30명이나 되는 부서에 최연소 팀장으로 발령을 받게 됐지요. 저는 대리 2년 차였는데 부장 직급의 팀원을 밑에 뒀으니 말 그대로 파격적인 승진이었습니다. 저는 스튜디오 온스타일의 제작팀장이자 사업팀장을 겸업하며 제가 잘하는 디지털 콘텐츠를 본격적으로 만들기 시작했습니다.

병자호란을 소재로 한 영화 〈남한산성〉

누구나 나영석 PD가 만드는 예능 작품이나 〈응답하라〉 시리즈 같은 사활을 걸고 만든 드라마를 홍보하길 원하는 게 당연하지요. 그곳이 핵심부서이며 부서원은 핵심 업무를 할 수 있으니까요. 그러나 변화를 읽고 틈새를 노리는 전략도 필요합니다. 디지털 숏폼 콘텐츠는 사내에서 아무도 하려고 하지 않았으니 잘하는 사람이 아무도 없었던 거죠. 큰 조직 안에서 '디지털=이우탁'이라는 포지션을 만들기 위한 5년간에 노력과 꾸준함이 최연소 팀장 승진이라는 파격적인 성과를 만들어냈다고 생각합니다.

숏폼 기획, 따로 있다

숏폼 콘텐츠란 단순히 풀 영상을 압축한 형태가 아닙니다. 숏폼만의 기획과 대본, 캐스팅, 셀링 포인트가 따로 있어 장편과 다른 특징을 가진 또 하나의 장르입니다. 먼저 전체적인 숏폼 콘텐츠 기획 방법에 대해 말씀드려볼게요.

① 스토리보다는 캐릭터 중심

숏폼 콘텐츠는 10분 내외에 이야기를 담아야 하는 만큼 진행 방식이 스토리를 나열하기보다 알기 쉬운 캐릭터 중심으로 이야기를 풀어야 합니다. 구구절절한 이야기를 풀어낼 시간도 없을뿐더러 캐릭터의 행동을 하나하나 설명할 여유가 없습니다. 너무 복잡한 스토리는 삼가야 합니다. 스토리 속 개연성의 가닥을 하나하나 잡아줄 수 없는 관계로 캐릭터가 중심을 잡아야 합니다.

예를 들어 등장인물이 센 캐릭터라 우유 팩을 던졌습니다. 사연이 있어서, 어떤 이유로 화가 나서 우유 팩을 던졌다는 설명은 숏폼 콘텐츠에서는 필요 없습니다. 그저 이 인물이 강하고 인정 없는 캐릭터이기 때문이기에 그런 행위를 한 것입니다. 인물이 이렇다 저렇다 평가할 시간이 없는 거죠. 그지 우유 팩을 '퍽'하고 던진 장면으로 시청자가 캐릭터와 스토리를 다 이해할 수 있도록 만들어야 합니다.

② 전개나 결말은 주로 서두에

숏폼 콘텐츠에서 시청자의 시선을 잡아끄는 가장 중요한 타이밍은 언제일까요? 시작하고 3초 이내입니다. 3초 안에 흥미롭지 못한 내용이나 장면이 계속되면 시청자는 영상을 꺼버리거나 다른 영상으로 이동합니다. 숏폼 콘텐츠는 시청자가 안방극장에서 각 잡고 보는 것이 아니라 이동 중이거나 주의력이 산만한 상황이라는 전제를 두고 기획해야 합니다. 이렇다 보니 내용 중 가장 극적인 결말과 강렬한 핵심은 서두에 깔아놓고 시작하는 것이 오히려 안전합니다. 결말을 알고 누가 보겠느냐고요? 결국 이탈할 것이라고요? 숏폼을 해보지 않은 창작자 대부분이 반발하고 걱정하는 부분입니다. 그렇지만 모든 것은 제 경험과 데이터가 증명하기에 반박할 여지는 없는 것이지요. 숏폼 콘텐츠를 즐기는 시청자들은 먼저 충격적인 장면이 나오면 궁금해서 더 보게 되는 심리가 앞섭니다. 10분 안에 충격의 원인이나 이유가 등장한다는 기대 심리를 이용하는 거죠. 두 번만 클릭하면 영상의 10초가 넘어갑니다.

시청자의 스피드를 따라가려면 복잡한 장치나 복선 같은 건 차지하고 일단 정면 돌파하는 것이 맞습니다.

③ 소재는 유치하되, 전개는 디테일하게

초반 다양한 장르를 시도했던 숏폼 콘텐츠는 10대를 겨냥한 '하이틴 마켓'으로 정리가 됐습니다. 전 연령층을 통틀어 10대는 TV를 보지 않는 세대니까요.

그래서 통신사나 인터넷 플랫폼 OTT들은 10대 물을 구매하는 데 주저함이 없습니다. 말 그대로 콘텐츠 비용을 톡톡히 쳐주죠. TV를 등한시하는 10대 시청자를 유입하기 위해서예요. 하이틴 장르는 이제 무시할 수 없는 시장이 됐습니다.

하이틴 장르물을 만든다

하이틴 장르 웹드라마, 〈통통한 연애〉, 〈일진에게 찍혔을 때〉, 〈에이틴〉

고 조금 유치해도 된다는 안일한 생각은 삼가야 합니다. 만약 일진과 일진을 짝사랑하는 보통의 여자아이라는 꽤 보편적인 소재가 있다고 칩시다. 소재가 흔하다고 하더라도 표현하는 방식이 유치해서는 안 됩니다. 인물의 캐릭터와 감정선은 복잡해야 합니다. 처음에는 앙숙이었다가 살짝 신경 쓰이는 단계가 지나고 계속 보게 되면 새로운 감정이 생겨나는 감정의 변화를 디테일하고 리얼하게 그려내야 합니다. 실제 10대 청소년들이 공감할 수 있도록 말이지요. 인터넷을 대충 보고 어설프게 따라 하는 것보다 실제 조사가 들어가야 합니다.

저는 한 작품에 들어갈 때마다 10대 20명을 인터뷰하고 대본의 피드백도 받습니다. 그러면 생생한 답변을 받을 수 있어요. "이런 단어는 이제 안 써요", "이 장면은 너무 유치해요" 같은 부정적인 반응이 나오면 고민하지 않고 그 부분을 드러내기도 합니다. 워낙 트렌드가 쉽게 변하는 10대들을 대상으로 하는 만큼 하이틴 장르 속 표현만큼은 '지금'을 반영하는 리얼리티가 가장 중요하다고 생각합니다.

숏폼 대본은 다르다

전체적인 기획에 이어 대본에 대해 세세한 부분을 짚어보겠습니다. 기존 장편 작가들은 숏폼 대본 쓰기를 매우 어려워합니다. 서술 방법과 장면을 그려내는 방식이 기존과 현저히 다르기 때문입니다.

① 내레이션 중심

숏폼 콘텐츠는 인물의 감정을 직접 내레이션으로 표현해야 합니다. 직접적이고 단순한 서술 방법이라 기존 극작가들이 '아마추어적'이라고 여기고 매우 지양하는 방식입니다. 그럼 숏폼은 아마추어적인 서술 방식을 그대로 쓰는 걸까요? 그럴 수도 있고 아닐 수도 있습니다.

S#2 학교 / 교실 / 낮	
	수린, 민재를 계속 바라보는데, 햇빛에 비춰서 더 잘생겨 보이는 민재.
수린na	**난 아무래도 짝사랑을 시작한 것 같아.** **자꾸 네가 신경 쓰이고, 너가 어디에 있건 계속 쳐다보게 돼.** **그런데 말야.. 내가 널 좋아해도 괜찮은 걸까?**
선생	단축수업 했다고 어디 새지 말고, 일찍들 집에 들어가고!
	종이 치자 학생들이 짐을 싸기 시작한다.
수린 반장 민재	민재야, 이따가.. 민재! (친한 척 머리카락 만지는) 뭐 묻었다.ㅎㅎ 우리 빨리 가자. 어어.. (수린에게 쌀쌀맞은) 나 학생회 때문에. 먼저 갈게.
	민재, 들러붙는 반장과 함께 걸어가는. 주혁, 구슬 수린에게 다가온다.
주혁 구슬	민재쓰랑 반장쓰 엄청 친해졌쓰?! 뭐야 저건, 왜 친한 척이래..
수린na	**내가 좋아하는 걸 눈치 챈건지, 선 그으려 하는건지.** **넌 요새 부쩍 차가워졌다.**

내레이션 서술을 적극적으로 활용한 웹드라마 〈통통한 연애〉 대본

내레이션은 숏폼 분량에 맞춰 이야기를 부드럽게 전개하고 직관적인 습성의 10대 시청자들이 선호하는 방식이기 때문입니다. 기존 극처럼 등장인물의 상호작용을 통해 이야기를 풀어나간다면 장면이 늘어날 것이고 분량이 맞지 않으며 비교적 덜 집중한 상태에서 시청하는 사람들은 '전개가 답답하고 늘어진다'라고 인식할 수 있습니다.

'틱톡'이라는 짧은 동영상 플랫폼이 10대 청소년들에게 인기지요? 유튜브는 이를 의식해 '쇼츠'라는 짧은 영상용 플랫폼을 새로 만들었습니다. 그 영상들은 10초에서 15초 내외입니다. 10대들에게 60분을 사수하는 것은 그야말로 '지옥'이라고 합니다. 인기 TV 드라마도 10분 혹은 15분 편집해서 올려놓은 영상을 대신 봅니다. 장면(신) 축약을 위해서, 촬영의 효율성을 위해서 그리고 시청자의 기호에 맞춰 숏폼은 내레이션을 많이 쓸 수밖에 없습니다.

② 숏폼은 가성비다

숏폼 시장이 활성화됐다고 하더라도 아직은 자본력이 없는 게 사실입니다. 최대한 촬영을 효율적으로 할 수 있도록 대본도 이에 맞춰 써야 합니다. 굳이 들어가지 않아도 되는 장면은 과감하게 삭제하거나 표현을 다르게 하여야 합니다.

예를 들어 등장인물이 학교를 땡땡이치고 피시방에 가서 게임을 한다고 칩시다. 일반적인 극이라면 인물이 학교에서 도망가는 신, 피시방에서 게임하고 있는 신이 필요합니다. 그 몇 초의 신을 위해 학교에서 찍고 다시 피시방

로케이션(현지 촬영)으로 진행해야 한다면 그 대본은 숏폼 촬영에서는 매우 비효율적입니다. 숏폼이라면 인물이 "야! 나 학교 째고 피시방 가서 게임을 한다"라는 휴대전화 카톡 메시지 하나를 보여주는 것으로 상황을 설명하면 그만입니다.

아무리 실력이 좋은 드라마 작가에게 숏폼 대본을 쓰라고 하면 찍을 수 없는 대본을 써오는 경우가 대부분입니다. 기성 드라마의 문법으로는 절대 찍을 수 없는 것이 숏폼 콘텐츠입니다.

혹시 이 글을 보고 있는 분 중에 숏폼 작가를 꿈꾸는 친구들이 있을까요?

현재 숏폼 작가분들은 구하려 해도 구할 수 없는 상황입니다. 숏폼 작가를 양성하는 특정 기관도 아직 없어서 더욱 인력을 구하기 어렵습니다. 숏폼 작가 분야의 전망은 매우 밝다고 판단됩니다. 숏폼에 최적화된 실력 있는 작가라면 아마 부르는 게 값인 시대가 올 것입니다. 업계 사람 중 짧고 완성된 기획 영상을 만드는 숏폼 비즈니스는 앞으로도 더 필요하리라는 것에 이의를 제기하는 사람은 없습니다. 왜냐하면 현재 짧은 영상에 익숙해진 아동기 친구들이나 청소년들은 어른이 되었다고 20분 이상의 영상을 선호하게 되진 않을 테니까요.

반대로 갑자기 100부작 대하드라마가 인기작이 되는 날이 올까요? 그렇지 않다고 봅니다. 지금의 흐름은 앞으로도 심화하면 심화할 것이고 다가올 세대에 대한 이해와 적응이 필요한 시점입니다. 단, 이 흐름은 숏폼 비즈니스를 하면 돈을 잘 벌 것인가? 하는 질문에는 쉽게 대답해드릴 수 없지만, 업무의 중요도가 높아질 것인가? 하는 질문에는 분명 '그렇다'라고 단언할 수 있습니다.

캐스팅도 가성비다

숏폼 콘텐츠는 배우 캐스팅에도 높은 가성비가 필요합니다. 톱스타가 필요하지 않고 연기력이 좋은 신인 배우로도 충분히 좋은 작품을 찍을 수 있기 때문입니다.

숏폼 콘텐츠는 TV 드라마와 달리 출연 배우의 '급'이 시청 여부에 영향을 주지 않아요. 아직 30, 40대 시청자들은 주연 배우의 지명도나 이미지를 보고 작품을 선택합니다. 이는 기획 가능성과 투자 규모와도 연결되는 사항이라 캐스팅에 공을 들이기 마련입니다. 톱스타를 섭외하지 못해 제작되지 못하는 TV나 영화 작품들은 수두룩하지요.

숏폼 콘텐츠의 주요 시청자인 10대와 20대의 배우 선호도는 좀 다릅니다. 한때 웹드라마가 붐을 타기 시작하면서 등장인물로 팬덤을 소유한 아이돌들이 많이 등장한 적이 있습니다. 웹드라마가 '연기돌'로 가는 등용문 역할을 하기도 했죠. 제작사들은 팬덤 인기나 마케팅 요소로 사용할 수 있으니 서로 '상생' 전략이었지요. 그렇지만 아쉽게도 아이돌을 출연시켜 성공한 웹드라마는 거의 없습니다.

넷플릭스 〈오징어 게임〉 '지영' 역으로 시선을 끌었던 이유미 배우, 웹드라마 〈좀 예민해도 괜찮아〉에 캐스팅한바 있다.

　활동을 병행하는 아이돌 배우들은 시간이 없어 대본 소화력이 떨어질 확률이 높습니다. 이렇다 보니 연기력 부족이 첫 번째 이유고요. 두 번째는 효율을 높여 빠르게 찍어야 하는 숏폼콘텐츠의 특성상 아이돌 스케줄에 맞춰 촬영을 진행하기는 매우 힘든 부분이 있습니다. 배우 간 케미스트리도 안 나오고 촬영 비용은 줄줄 낭비되니 작품이 잘 되기가 어려운 것이죠.

넷플릭스 〈D.P〉 신승호 배우도 처음 웹드라마로 대중에게 얼굴을 알렸다.

대신 참신한 이미지와 연기력이 보장된 신인 배우를 섭외해 잘된 웹드라마들이 많습니다. 제가 제작한 웹드라마 중 〈좀 예민해도 괜찮아〉 시즌 1 '예지' 역으로 이유미 배우를 섭외했습니다. 얼마 전 넷플릭스 〈오징어 게임〉에 '지영' 역으로 나와 대중의 시선을 끌었죠. 또 〈D.P〉의 신승호 배우 역시 웹드라마로 캐스팅한 적이 있습니다. 웹드라마의 영향력이 커지다 보니 이제 대형기획사들도 소속 신인 배우들을 웹드라마로 등용시키는 경우가 많아졌습니다. 게다가 TV 드라마 업계는 점점 축소되고 있습니다. 아침드라마나 일일드라마는 폐지되고 있고 월화극, 수목극 편성도 없어지기 일쑤지요. 배우들이 일일극에서 주말극 그리고 미니시리즈 배우로 성장하는 기존 과정은 쉽지 않게 되었지요. 애매한 작품을 하는 것보다 탄탄한 숏폼 드라마를 하는 게 더 기회가 많다는 판단이기도 하고요.

그래서 숏폼 드라마의 캐스팅을 가성비 캐스팅이라고 설명할 수 있습니다. 옥석을 가리듯 연기를 잘하는 배우를 선택하는 심미안도 필요합니다. 최근에는 웹드라마 캐스팅을 할 때는 공개 오디션을 열고 최대한 많은 배우를 봅니다. 대형기획사들도 초반과 비교해 태도가 많이 달라졌지요. 과거에는 '온라인 영상'이라고 치부했지만, 이제는 튼튼한 제작사와 좋은 기획이라고 판단되면 너도나도 기회를 잡기 위해 손을 뻗치고 있죠. 앞으로도 이런 분위기는 계속 이어질 거로 예상합니다.

```
┌─────────────────────────────────────────────────────────────┐
│                           대 갈등                              │
│                                                               │
│                                                               │
│    소 갈등  ──── 소 갈등 ──── 소 갈등 ──── 소 살능 ──── 소 갈등    │
│                                                               │
│                                                               │
│              ✓ 회차 별 해소되는 소 갈등                         │
│              ✓ 시즌을 통해 해소되는 대 갈등                      │
└─────────────────────────────────────────────────────────────┘
```

숏폼, 갈등 구조도 짧고 단순해야 한다.

숏폼의 갈등 구조는 짧고 단순한 여러 작은 갈등이 이어져야 합니다. 시청자들은 일단 한 편을 보고 정주행할지 다른 콘텐츠로 갈아탈지를 선택하기 때문입니다. 그래서 웹드라마는 회차마다 작은 갈등이 배치되어 있습니다. TV 장르로 치자면 마치 시트콤 구조와 같습니다. 과거의 시트콤 〈남자 셋 여자 셋〉이나 〈거침없이 하이킥〉은 한 에피소드에 작은 갈등이 있고 큰 회차를 관통하는 큰 갈등이 있습니다. 여전히 과거 인기 시트콤들이 유튜브를 타고 역주행 시청을 하는 경우가 있지요? 숏폼과 비슷한 갈등 구조와 이야기 구성 때문이죠. 작은 갈등이 이어지는 구조는 요즘 잘 나가는 OTT 시리즈물도 차용합니다.

결국 '본방사수'라는 개념이 없어졌기 때문에 콘텐츠들은 현시점 대중들의 시청 패턴에 알맞은 작은 갈등 구조 서사를 이용해 제작합니다.

숏폼 콘텐츠 어떻게 팔아야 할까?

① 구매하는 고객(OTT)의 니즈 파악

숏폼 콘텐츠의 수익 구조에 관해서 이야기해볼게요. 아무리 작품 제작을 잘해도 콘텐츠를 구매하는 플랫폼들, 즉 고객들이 선호해야 방송하고 수익을 낼 수 있는 거니까 매우 중요한 이야기입니다.

요즘 넷플릭스가 문제가 되는 것이 '풀오버십'입니다. 제작비의 1.5배에서 2배를 주고 해당 콘텐츠의 소유권을 독점으로 가져가는 것을 말하죠. 아무리 히트작이 나와도 콘텐츠의 수익은 넷플릭스가 가져가는 계약이다 보니 '재주는 곰이 부린다'라는 말이 나올 정도지요.

│ 숏폼이란? (산업 환경)

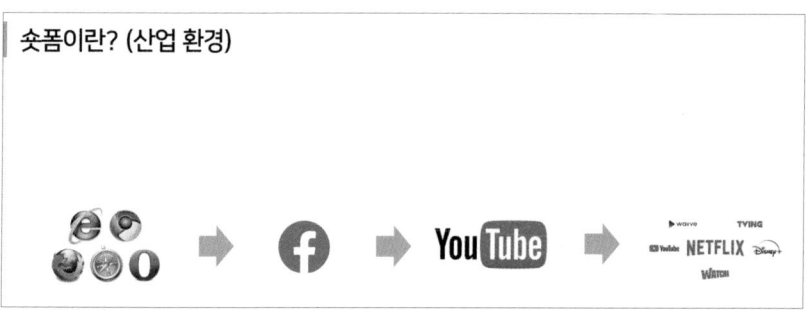

숏폼 콘텐츠는 넷플릭스를 제외하고 국내 OTT 플랫폼들은 풀오버십 계약을 원하는 경우는 거의 없어요. 제작비 일부를 주고 그저 '선공개'라는 권리만 가져가죠. 그 자체로 트래픽이 발생하고 플랫폼 활성화에 도움이 되기 때

문에 그런 협상이 가능해요. 숏폼 제작사 역시 '풀오버십'보다 여러 판로로 수익을 올릴 수 있는 계약을 원해요. 글로벌 OTT에 방영권을 줄 수도 있고, 다른 국내 플랫폼에 유통할 수 있으니 수익적인 면으로 더 이익이죠.

물론 계약의 종류에 따라 장단점이 있으므로 콘텐츠 사안에 따라 다르게 계약할 수 있어요. 〈오징어 게임〉이 글로벌 인기를 얻고 있는데 우리 제작진은 제작비 이상의 수익이 없다는 이유로 아쉬움은 남지만 애초에 넷플릭스가 아니라면 그 시나리오를 어떤 투자자가 비용을 대고 작품을 제작할 수 있었을까 하는 의문도 남지요.

콘텐츠의 스케일, 타깃층, 시리즈물 여부 등에 따라 알맞은 계약 방식을 따지거나 플랫폼과 협상하는 능력을 기르는 것도 제작만큼이나 중요한 일입니다.

② OTT는 미디어가 아닌 IT 기업이다

협상을 위한 팁 하나를 더 드릴게요. 미디어 그룹인 방송사를 상대하는 TV 콘텐츠와는 가장 크게 다른 부분이기 때문입니다. OTT 계약 담당자들은 문화 콘텐츠 업계 사람이 아니라 IT 전문가들입니다. 다른 협상의 접근법이 필요해요. 과거 제작사들은 기존의 방송사나 투자사들을 상대하기 위해 프레젠테이션을 진행합니다. 그들이 원하는 바를 충족시키기 위해 작품의 깊은 메시지나 독특한 기획력을 앞세워 승부를 겨루죠.

그렇지만 IT 전문가 중심의 플랫폼들은 작품성보다는 직관적인 데이터를 바탕으로 자신들이 지금 어떤 콘텐츠가 필요한지가 제일 중요하지요. 예를 들어 10대 시청자의 유입이 떨어졌다면 그들을 공략할 수 있는 하이틴 물 콘텐츠를 찾습니다. 작품이 좋거나 참신하거나 혹은 기획력이 뛰어나거나 대작이거나 하는 것들이 의미가 없어요. 기존 콘텐츠 업계가 어필하는 요소는 통하지 않는다고 보면 됩니다.

즉, OTT 플랫폼과 작품 프레젠테이션을 준비할 때는 어떤 콘텐츠가 특정 타깃층에 대해 노출과 유입을 높일 것인가를 위해 디테일하고 직관적인 전략을 맞춰서 가져가야 해요. 그렇지 않으면 미팅을 진행하기 전에 어떤 콘텐츠가 필요한지 그들의 니즈를 명확하게 물어보는 것도 투자를 받고 작품을 론칭할 수 있는 좋은 방법이에요.

③ 기획의 형태를 단순화하라

OTT 플랫폼 담당자를 미팅한다는 제작자들을 보면 정성을 들여 만든 40 페이지 분량의 기나긴 각본을 가져오는 사람들이 많아요. 기존 방송사나 투자사를 상대로 해왔던 전통 방식으로 말이지요. 사실 그렇게 많은 분량을 시간을 내서 읽어 내려가기에는 누구나 쉽지 않거든요. 특히 직관적인 특성의 IT 업계 관련자에게는 더욱더 그렇죠.

만약 OTT 플랫폼에 내 작품을 넣고 싶다면 간략하게 파워포인트 2페이지 분량이면 충분해요. 콘셉트와 줄거리, 캐릭터, 예상 출연진 정도로 간략하게 가져가서 그들의 피드백을 받는 게 우선이에요. 꼭 기억하세요. 40페이지에 제작 공력을 낭비할 바에는 그 시간에 다양한 아이디어를 여러 가지 만들어 가는 편이 성공 확률이 높습니다.

디지털 콘텐츠 기획자, 전망은 밝다

어떤 콘텐츠 전문가도 앞으로 숏폼을 기초로 한 디지털 콘텐츠가 활발하게 제작될 거라는 사실에 이의를 제기하지 않을 겁니다. 그렇다 보니 관련 직종은 대폭 늘어날 것은 당연한 이야기고요.

요즘 기업들은 숏폼 전문가들을 '디지털 콘텐츠 기획자'라는 직종으로 인력을 채용합니다. 기업이 소비자를 상대로 커뮤니케이션하는 방식에서 모두

SNS를 기반으로 자체 디지털 콘텐츠를 제작해 이용하다 보니 언론사, 방송사, IT 플랫폼 아니면 일반적인 기업에서도 디지털 콘텐츠 기획자를 많이 필요로 합니다. 모바일 환경이 지속되는 한 디지털 콘텐츠 기획자가 할 수 있는 일은 너무 많아요. 이 직종은 앞으로 더욱 성장을 거듭하고 수요가 폭증할 수밖에 없죠.

그렇다면 숏폼 같은 디지털 콘텐츠 전문가가 되려면 어떻게 해야 할까요? 사실 디지털 콘텐츠 전문가가 하는 일은 매우 다양합니다. 디지털 콘텐츠 업계의 경우 드라마 업계처럼 보통 조연출로 시작해서 연출가(프로듀서) 연차가 쌓이면 기획자(총괄 프로듀서)가 순차적으로 진행되지는 않습니다. 또한 숏폼은 기획, 제작, 연출 등 세부적으로 포지션 정리가 확실하게 구분되어 있지는 않아요. 때로는 멀티플레이어가 되어야 할 때도 있죠. 많은 분야에 관여해야 하고 제작 혹은 편집을 직접 해야 하는 때도 있습니다. 숏폼 콘텐츠를 위한 참신한 기획력과 이를 실행시킬 수 있는 역량을 키우는 것이 중요합니다.

디지털 콘텐츠 기획자, 무엇을 전공해야 할까?

디지털 콘텐츠 기획자로 일하고 있는 저는 대학에서 경영학을 전공했습니다. 디지털 콘텐츠 기획자라고 해서 연출이나 관련 공부를 할 필요는 없습니다. 물론 직종에 따라 플러스 되는 면은 있겠지요. 그러나 모든 축구 감독이 축구 선수 출신은 아닙니다. 비선수 출신도 명장이라 불리는 감독들이 많습니다. 직종에 대한 이해도는 갖추고 있어야 하지만 콘텐츠 제작 자체는 대학교 전공과는 무관하다고 봅니다. 경영학을 전공한 저는 디지털 환경의 변화 속에서 비즈니스적 안목이 중요했기 때문에 전공 공부가 꽤 도움이 됐습니다.

즉, 거시적인 관점도 필요하고 향후 콘텐츠 소비 패턴의 변화를 잘 읽을 수 있는 나만의 관점을 기르는 것이 가장 필요합니다.

꼭 메이저에서 시작할 필요는 없다

콘텐츠 기획자(제작자)라는 업으로 사회생활을 시작하기에는 대기업도 좋고, 대세 IT 플랫폼 기업도 좋습니다. 어떤 직종이나 마찬가지이지요. 만약 그것이 여의치 않는다고 해도 실망할 필요는 없습니다. 콘텐츠 업계는 그 어떤 업계보다 역량과 실력 위주로 평가받고 공정한 기회는 언제든 다가오기 마련이니까요. 메이저가 아니라도 내 꿈을 마음껏 펼칠 수 있는 '플랜 B'에 해당하는 제작사에서 일을 시작하는 것도 매우 현실적으로 고려할 방법입니다. 사실 외주 제작사에는 늘 인력이 부족한 상황이죠. 경험을 풍부하게 쌓을 수 있다는 것도 장점이고, 경력을 쌓은 후 메이저 경력직으로 이동하는 것도 좋은 방법이라고 생각합니다. 실제로 그렇게 이동하는 분들도 많답니다.

미래 직업, 숏폼 콘텐츠 제작자

숏폼 콘텐츠 미래의 한 장면을 상상해볼까요? 지금까지 숏폼 콘텐츠 자체가 효율적인 제작 중심으로 발전해왔습니다. 요즘 '로지' 같은 버추얼 휴먼 (가상 인간) 인플루언서가 화제지요? 아마도 숏폼은 버추얼 휴먼에 가장 최적화되어 있는 콘텐츠가 아닌가 하는 생각을 해봅니다.

브이에이코퍼레이션이 공개한 '다인종 버추얼 휴먼' 3인

앞서 말했듯이 일단 숏폼 콘텐츠에는 유명인사가 필요 없습니다. 내레이션 서술 방식이 주를 이루는 만큼 등장인물 간의 상호작용이 기존 콘텐츠에

비해 적습니다. 지금의 기술력으로 따져본다면 버추얼 휴먼은 혼자 있을 때
는 매우 그럴싸합니다. 반면 실제 인간과 함께 나오면 대중들은 미세한 이실
감만으로도 이들이 로봇이란 인식을 급격하게 느낍니다.

버추얼 휴먼이 숏폼 콘텐츠에 투입된다면 제작비는 낮아지고, 제작 환경
도 지금보다 더 좋아질 수 있을 거라는 상상을 해봅니다. 배우가 할 수 없는
다양한 연기로 소재의 폭은 더욱 넓어지겠지요. 작품 자체로 스케일이 커질
수 있는 기대도 할 수 있을 것 같습니다.

기술이 발전할수록 인간성에 집중

그렇다면 앞으로의 콘텐츠도 사람의 힘은 덜 들어가고 기술적인 방식으로
모든 것이 발전하게 될까요? 미래에는 인간성을 별로 중요하게 생각하지 않
게 될까요? 제가 CJ 공채 면접위원이었을 때 일입니다. 지원자들에게 "크리
에이터로서 어떤 역량을 가져가야 할까요?"라고 질문을 던졌어요.

저는 기술이 발달할수록 더욱 인간의 존재와 본질에 집중하는 것이 필요하
다는 대답을 듣고 싶었어요. 우리 기술은 인간과 인간 사이를 더 가깝게 만들
고 더 소통이 원활할 수 있도록 발전해왔어요.

콘텐츠 전문가들이 포착해야 할 지점은 기술적 이해도 중요하지만 가상공
간에서 인간과 인간이 만났을 때 느끼는 감정, 심리, 인간성에 대한 본질을

고민해야 좋은 콘텐츠가 나올 수 있을 거로 생각해요. 기술이 진보할수록 인간 사이에 상호작용이 중요해질 거예요. 인간에게 집중하고 탐구하는 기획자가 좋은 콘텐츠를 만들 수 있습니다.

꿈은 멈추지 않는다

저는 '자생적 뉴미디어 개발'이라는 제2의 꿈을 향해 달려가고 있습니다.

저는 약 1년 4개월 전 안정적인 직장을 나와 뉴미디어 스타트업 '그릿인피스'를 창업했습니다. 함께 일했던 동료, 네 명과 새로운 꿈을 향해 달려가고 있습니다. 대부분 개발자의 목표는 진짜 내가 하고 싶은 일들을 스타트업 기업으로 실행하는 것입니다. 저는 라이프 분야의 뉴미디어 스타트업을 만들었어요. 대부분의 미디어 스타트업은 대기업의 투자를 기반으로 이뤄지고 있지만 제 꿈은 자생적으로 만들어서 수익까지 이룰 수 있는 구조의 미디어를 만들고 싶습니다.

제가 만들고 싶은 미디어는 20대에서 30대를 타킷으로 하는 라이프 스타일을 주제로 다룬 영상 웹진이에요. 2022년 2분기 웹페이지 개설을 목표로 열심히 달리고 있습니다. 목표는 유익하고 재미있는 콘텐츠를 만들면서 이를 수익으로 연결할 수 있도록 하는 것이지요. 회사에서 그리고 창업 후 다양한 도전은 때로는 성공했고 때로는 실패도 했지만 그런 경험들은 모두 내가 정답을 찾아가는 길이었습니다.

여러분도 언젠가 다양한 사회 경험을 바탕으로 그 분야의 흐름을 숙지하고 최종적으로 자신이 하고 싶은 일을 할 수 있었으면 좋겠습니다. 실패를 두려워하지 마세요. 저는 지금까지 가장 잘했다고 할 수는 없지만, 가장 많은 시행착오를 겪어 보았다고 말할 수는 있습니다. 수많은 실수와 실패는 여러분의 성장에 큰 자양분이 될 것입니다.

이상문

고미술품 감정사
건국대학교 정치외교학과 졸업
고미술품 감정 경매회사 '명품옥션' 대표
前 정부 미술품관리 자문위원
KBS1 〈TV쇼 진품명품〉 등 프로그램 다수 출연
명지대학교 사회교육원 고미술품 감정학과 교수
유튜브 '이상문TV' 운영 중

이상문TV 공식 카카오톡 링크: https://open.kakao.com/o/svxtbRoc
(유튜브 출연, 고미술품 감정 의뢰 문의 환영합니다)

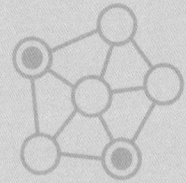

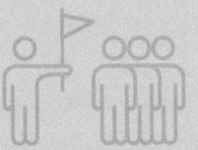

CHAPTER
04

과거와 현재를 잇는
고미술품 감정사

고미술품(골동품) 감정사, 고루해 보여요?

안녕하세요? 여러분, 고미술품(골동품) 감정사 이상문입니다. 진로를 결정하는 청소년들에게 고미술품 감정사는 너무나 생소하고 특수한 직업이라 나와는 전혀 무관한 것으로 생각할 수 있지요. 더구나 도자기, 불상, 고문서, 고서화 등을 포함한 고미술품이란 교과서에 실려 있거나 혹은 박물관에 가야 볼 수 있는, 어렵고 엄청난 지식이 필요한 것으로 생각한다면 접근하기 전에 지레 겁을 먹을 수도 있어요. 그렇지만 고미술품 감정사는 전혀 어렵거나 고루한 직업이 아닙니다.

이렇게 생각해보면 어떨까요? 여러분들도 좋아하는 것을 수집하고 보관하고 또 감상하면서 즐거움을 느끼는 취미가 한 가지씩은 있지 않나요? 저는 학창 시절

우표 모으기에 푹 빠져있었습니다.

문위우표 우리나라 최초의 우표. 1884년 11월 18일 발행. 그러나 갑신정변으로 발행 2주 만에 사용 중지된다. 희귀성이 높은 만큼 부르는 게 값이 되었다.

　초등학교 시절 같은 반 친구 집에 놀러 갔는데 그 친구 집에는 사용하지 않은 일제강점기 시절 우표가 여러 판이 있었어요. 그게 어찌나 부러웠는지 그때부터 우표를 수집하는 취미를 갖게 됐고, 그 취미가 결국 고미술품 수집가에서 감정사라는 직업이 되었습니다. 그리고 대기업 정년을 훌쩍 넘긴 나이까지 일하고 있습니다. 뒤돌아보면 저는 옛날 물건 '덕후'에 지나지 않았으니 결코 골동품은 어려운 것이 아니에요.

　여러분 주변에 있는 모든 것이 미래에는 골동품이 될 수 있답니다. 여러분들이 지금 사용하고 있는 스마트폰, TV, 교과서, 즐겨보던 책, 하물며 아이돌 포토카드도 세월이 흘러 시대를 반영하는 물건이 된다면 그 역시 골동품이 될 수 있습니다. 내가 좋아하고 즐기다 보면 그 분야의 지식이 생기고 그런 지식이 세월과 함께 켜켜이 쌓이고 결국 나 자신이 되는 것, 그것이 바로 직업 아니겠어요?

고미술품 감정사에게는 거창한 학문보다 즐기고, 보고, 만지고, 느끼는 과정이 더 필요합니다. 그러다 보면 누구도 대신할 수 없는 나만의 실력이 완성되는 것이죠.

"고미술품 한 작품을 팔면 1년은 먹고살 수 있다"라는 말도 있어요. 세상에서 하나밖에 없는 작품인 만큼 부르는 게 값인 경우도 많죠. 보는 눈만 있다면 직업 만족도가 큰 분야입니다. 어때요? 구미가 좀 당기나요?

저의 초등학교 때부터 시작된 우표 수집은 고등학교 시절에도 계속됐습니다. 고등학교 2학년 때 종로구 숭인동에 사는 친구 집에 놀러 가던 중 숭인동 큰 길가에 옛날 우표를 파는 상점이 눈에 띄었지요. 역시나 그냥 지나갈 수 없었습니다. 이런저런 우표를 구경하다가 그 상점 선반 위에 있던 이

상하게 생긴 도자기가 제 눈을 끌었어요. 주먹 크기만 한 호랑이 모양의 연적이었지요. "이건 뭐예요?"라고 물으니 주인은 "옛날 벼루에 물을 따르는

'연적'이라는 것이다"라고 하더군요. 얼마나 오래된 것이냐고 물었지만 주인도 모른다고 했습니다. 그저 "얼마 전 1,000원에 사놓은 것"이라는 답만 듣게 됐는데, 이상하게 그 호랑이 연적이 갖고 싶다는 충동이 일기 시작했습니다. 내 표정을 읽은 상점 주

나를 이끈 호랑이 연적
조선 시대 사자 모양 청화백자 연적

인은 "그렇게 갖고 싶으면 1,500원에 가져가라"라고 했지만, 그 당시 맞춤 양복 한 벌이 3,000원 정도 하던 시절이라 1,500원은 고등학생 주머니 사정상 엄청난 거금이었죠. 어쩔 수 없이 우표 상점을 나와 친구네 집으로 발길을 돌렸는데도 그 연적이 머릿속에서 떠나가지 않더라고요. 며칠을 고민하다 결국 어머니가 서울로 공부하러 간다는 아들을 위해 비상금이라고 꼬깃꼬깃 주신 돈에 손을 대고 말았습니다. 그렇게 비상금을 탕진했으니 수중에 돈이 없어서 이동할 때마다 차를 타지 못하고 내내 걸어 다닌 기억이 생생합니다.

며칠 후 또 친구 집에 가는 길에 그 상점에 들렀는데 주인이 제 얼굴을 기억해내고 마치 기다렸다는 듯이 "그때 사간 호랑이 연적 가지고 있지? 그거 다시 팔아라. 내가 두 배는 더 줄게"라고 말을 하더군요. 이유도 말하지 않고 말이죠. 두 배라면 3,000원! 그렇지만 한눈에 반한 연적을 되팔고 싶은

마음이 추호도 없었어요. 주인은 "그럼 얼마면 팔겠냐?"라고 했고, 한창 실랑이하다가 "내일까지 생각해보고 다시 오겠다"라는 거짓말을 하고 간신히 상점에서 빠져나올 수 있었습니다. 다시는 그 상점에 가지 않았죠. 그렇게 연적은 제 서랍 깊숙이 보관된 채 몇 년이 흘렀답니다.

저는 대학생이 되었고, 대학 2학년 때부터 음악 감상실에도 가고 미팅도 하다 보니 용돈이 모자라 쩔쩔맬 때였어요. 그때까지 모았던 300장의 우표를 되팔기 시작했죠.

그러다가 연적이 생각나서 물건을 챙겨 인사동으로 향했습니다. 여러 가게를 기웃대다가 한 골동품 가게에 들어가 연적을 꺼내놨어요. 주인은 단박에 "얼마 받을 거냐?"라고 물었고, 저는 "얼마에 사시겠어요?"라고 되물었습니다. 주인은 "남의 이름을 어떻게 내가 짓나? 학생이 말하지 않으면 안 산다"라고 하더군요. 저는 되팔라며 사정한 숭인동 상점 주인의 표정

조선 시대 청화백자 복숭아 연적

조선 시대 청채 해태 연적. 국립중앙박물관 소장

조선 시대 청화백자 해태 연적

을 떠올리며 10,000원을 호기롭게 불렀어요. 골동품 상점 주인은 "10,000원은 너무 비싸다. 하지만 8,000원은 줄 수 있다"라고 하더군요.

생애 처음 해보는 흥정이 꽤 재미있었습니다. "그럼 9,000원! 그 이하로는 못 팝니다"라고 했더니 주인은 학생증이 있느냐며 보여달라고 했고, 주소와 이름을 적어준 후 9,000원에 호랑이 연적을 팔았습니다. 대학생이었던 저는 당분간 신나게 놀 수 있는 비용을 충분히 마련하게 되었죠.

사실 고미술 감정사가 된 후 당시 호랑이 연적을 떠올려보면 보통 물건이 아니었어요. 색깔도 완벽했고 호랑이 무늬는 청화나 철화가 아닌 수정과 비슷한 고급 광물 재료인 진사(동화)로 만들어진 것이었습니다.

골동품과 함께한 세월이 50년을 넘겼고 소더비, 크리스티 등 해외 유명 경매장을 찾아다녔지만, 아직도 그렇게 좋은 연적은 본 적이 없답니다. 하지만 그 연적에 대해서 미련이나 후회는 없습니다. 그 호랑이 연적 덕분에 지금의 고미술 감정사가 됐으니까요. 나를 고미술의 길로 이끌어준 호랑이 연적과 나의 인연은 정말 보통 인연이 아니었던 듯합니다.

누구에게나 흑역사가 있다

진품(眞品)이란 단어는 가품(假品)이 나올 수 있다는 전제하에 존재합니다. 진품과 명품이 있는 한 모조품이 존재할 수밖에 없죠. 어떻게 보면 명품의 가치는 가품이 받쳐주어 더욱 빛을 발하는지도 모릅니다. 지금부터 제가 가품을 샀던 흑역사를 밝히려 합니다. 어찌 보면 진품을 산 일화보다 더 귀중한 경험이죠. 모든 일이 똑같습니다. 한 번도 실수하지 않은 인생이 있을까요? 실패가 있어야 성공이 빛나듯 가품을 알아야 진품을 살 수 있기 때문입니다.

고미술품을 알지 못한 채 무턱대고 샀던 젊은 시절, 감정능력이 없는 상태에서 사들인 물건들이 남에게 되팔릴 리가 없었어요. 사기만 하면 99% 실패였지만, 이상하게 물건을 보기만 하면 사고 싶었습니다. 마치 수집병에 걸린 듯이 말이죠. 그렇게 1년이 지나니 돈이 바닥나고 부모님께서도 돈을 주지 않는 지경에 이르렀습니다. 길에서 아는 사람을 만나면 무턱대고 돈을 빌려 달라고 해서 골동품을 샀으니, 정신이 나갔다는 말을 들을 정도였죠.

언젠가 경기도 이천에서 좋은 물건이 나왔다고 사러 오라는 연락을 받았어요. 당연히 돈이 없어서 아버지 친구분을 찾아가 급한 일이 생겼다고 거짓말을 하고 5만 원을 빌려 백자진사 주병을 구매했습니다. 결과는 잘못 산 것이었죠. 일제강점기에 여주에서 만든 모조품이었습니다. 결국 내가 갚지 못한 돈은 아버지가 대신 갚아주셨고, 앞으로는 우리 아들에게 돈 빌려주면

나는 책임을 안 진다고 여러 군데 이야기를 하셔서 돈 빌릴 곳도 없는 처지
가 됐습니다.

　하루는 저녁 늦게 귀가하니 어머니가 무속인을 불러 굿을 하는 게 아니겠
어요? 제가 귀신이 붙어 골동품을 사들인다며 이를 막는 굿이었죠. 아버지
몰래 땅도 팔고, 논밭을 사채놀이하는 곳에 잡혀 골동품을 샀지만, 이득을
본 물건을 거의 사본 적이 없었으니 부모로서는 속이 탈 지경이셨겠지요.
지난날의 흑역사들은 지금에 와서 생각해보면 제가 진품을 가려볼 수 있게
하는 수업료였습니다. 그때의 흑역사는 귀중한 경험이 되었지요.

50만 원이 500만 원이 되다.
조선 시대 백자 주전자. 국립중앙박물관 소장

　초보 시절, 흑역사가 있었지만, 영광의 순간도 있었습니다. 십수 년 전 평
소 알고 지내던 고미술품 선배 한 분이 생전 처음 보는 백자 주전자를 하나
를 제게 보여줬습니다. 처음 보는 도자기인데 귀티가 넘치는 주전자였습니
다. 하지만 인위적인 그을음을 묻힌 흔적이 있는 도자기였지요. 선배도 그

인위적인 부분이 미심쩍어 내게 50만 원에 팔아달라고 했습니다. 저는 물건을 살펴보기 위해 실로 주전자를 싸서 과산화수소 원액을 부어 3시간 동안 중탕으로 도자기를 쪘습니다. 그런데 이게 웬일! 너무나 아름다운 백자기가 제 눈앞에 나타난 것이었습니다. 그야말로 진품명품이었습니다.

저는 그 주전자가 병품이라고 단정하고 주전자의 출처를 캐보기 시작했습니다. 당시 50만 원이면 고래 등 같은 기와집을 살 수 있는 돈이었습니다. 잘못되면 엄청난 손해를 볼 수 있는 상황이기도 했지요.

주전자를 가지고 온 선배는 그것을 물품을 대주는 강 씨라는 사람한테 구매했고, 강 씨는 비슷한 일을 하는 서 씨라는 사람한테서 샀다는 것입니다. 서 씨에게 가니 서 씨는 그 주전자가 일제강점기에 만든 것으로 생각해 팔지 못할까 봐 집에 와서 등잔불로 그을음을 묻혔다고 실토했습니다. 결국 저는 명품임이 드러난 주전자를 500만 원에 팔 수 있었습니다.

인연과 사연이 깃든 명품

1990년 10월경, 저는 일본 오사카에 있는 '구로가와'라는 골동품 가게에 들렀습니다. 일본에는 우리의 아픈 역사로 인해 우리나라 도자기가 많습니다. 이 집은 제가 자주 들르던 곳인데, 그날따라 왠지 들어설 때부터 좋은 예감이 들었습니다. 그래서인지 늘 반갑게 맞이하던 20대 젊은 주인의 미소

마저 살갑게 느껴졌지요. '무언가 내게 팔 좋은 물건이 있구나'라는 감이 왔습니다.

상점 주인은 40cm 정도 되는 높이의 오동나무 박스를 꺼내더니 그 안에서 노란 보자기로 싸인 고려청자 주전자를 보여주었습니다. 순간 저는 생각에 잠겼습니다. 그 물건은 흑백운학상감표형 고려청자 주전자인데 너무나 낯이 익었습니다. 앗, 이 주전자는 21년 전인 1969년에 제가 판 물건인데, 그것을 오랜 세월이 흐른 후 한국 땅도 아닌 일본 땅 오사카에서 다시 만나다니! 더구나 그 주전자는 깊은 사연까지 지닌 물건이었습니다.

고려청자 상감운학국화문 표주박 모양 주전자

그 물건을 제게 가져온 사람은 시골집마다 다니며 고추, 마늘 같은 농산물을 사다가 파는 장돌뱅이 김 씨였습니다. 그는 가끔 농산물에 끼워서 사 온 골동품을 제게 팔곤 하던 분인데 한동안 보이지 않았지요. 그러다 그가 폐병으로 몸져누웠다는 소식을 듣게 됐습니다. 그동안의 인연으로 집을 찾아가 입원을 권유했고, 생활이 어려운 그를 대신해 치료비를 대신 내줬습니다. 그렇게 근 1년이 지난 후 조

고려청자 상감운학국화문 표주박 모양 주전자

금씩 운신하던 그가 내게 미안해서 더는 누워있지 못하겠다며 장사를 다니겠다고 했습니다. 그가 열심히 장사를 다니던 어느 날 시멘트 부대에 무언가 똘똘 말아서 제 상점으로 찾아왔습니다. "김 형 그게 뭐요?"라고 물었더니 못 쓰는 물건을 싸게 샀으니 정 못쓰겠다면 버리라고 히더군요. 그는 던지다시피 물건을 두고 사라졌습니다.

물건을 꺼내 보니 기가 막히게 좋은 고려청자 주전자가 들어있었습니다. 자세히 들여다보니 물대가 부러져 없었지만, 손질만 잘하면 명품이 될 수 있는 물건이었습니다.

이튿날 김 씨가 다시 찾아와 "어제 그 물건 아주 좋은 건데 얼마를 주면 되겠습니까?"라고 물으니 그는 무슨 소리냐며 화를 버럭 냈습니다. "물건 주인이 버리려고 내놓은 것을 2,000원 주고 샀다"라며 돈은 무슨 돈이냐며 역정을 냈습니다. 당시 그가 장사 밑천으로 빌려 간 제 돈 10만 원을 받지 않겠다고 말하고, 그 위에 10만 원을 더 얹어주었습니다. 그나마 돈을 받지 않으려고 뿌리치고 달아나는 통에 할 수 없이 그의 부인을 찾아가 돈을 전달했습니다.

그 후 나는 주전자를 다시 수리해서 원형과 똑같이 복원해 100만 원이 좀 되지 않는, 그래도 비싼 가격에 팔았습니다. 그 추억의 주전자를 머나먼 일본 땅에서 20년도 더 지나 다시 만난 것입니다. 보통 사람들은 어떻게 그리 오래된 물건을 기억할 수 있냐고 하지만 전문가의 눈에는 한 번 스쳐 간 물건은 머릿속에 사진이 찍히듯 남아있습니다.

고미술품 매매라는 것이 자칫하면 큰 손해를 입을 수 있어서 물건이 내 품에 있는 동안에는 눈이 빠질 만큼, 물건이 닳고 닳을 만큼 보고 또 보면서 신중하게 보관합니다.

정말 잃어버린 자식을 다시 만난 기분이었습니다. 그 물건이 제 손에 왔던 사연이 주마등처럼 스쳤습니다. 새삼 감흥이 일어 부르는 가격대로 우리 돈 7천만 원 정노를 지불하고 그 주전자를 되샀습니다. 오랫동안 이 일을 하며 종종 제가 판 물건을 다시 살 때도 있지만, 이 주전자처럼 반가운 마음이 들기는 처음이었지요.

고려청자 주전자는 나와 함께 한국으로 돌아와 새 주인을 찾아갔습니다. 1억 5천만 원을 받았으니 저로서는 두 배를 남긴 셈이지요.

당신의 이름은 위대한 '수집가'

고미술품 수집은 양면성이 있습니다. 수집하는 동안에는 어떤 일보다 짜릿한 쾌감과 즐거움을 맛볼 수 있고, 만인에게 찬사와 부러움을 받거나 때로는 경제적 횡재를 할 수도 있지요. 또 궁극적으로 보면 나라의 문화재를 아끼고 보호하는 일이라 보람도 느낄 수 있습니다. 그러나 잘못된 수집을 하게 되면 물건이 아무 쓸모 없는 고물이 될 수도 있고, 최악의 경우 재산 탕진은 물론 빚더미에 올라앉을 수도 있습니다(제가 당해봐서 잘 알지요).

저는 50년 가까이 이 일을 해오면서 다양한 수집가를 만났습니다. 그들과 거래를 하는 동안 많은 고미술품을 모으기도 했지만, 그보다 더 중요한 매우 소중한 지식과 진리를 알게 됐다는 점입니다. 흔히 수집할 때 고가의 사치품은 누구나 현혹되기 쉬운데, 고가 물건에 대한 사만은 금물입니다. 특히 초보 시절에는 물건을 보는 혜안이 부족한데도 의욕이 앞서서 고가의 사치품에 현혹되는 일이 발생합니다. 이런 일이 없도록 하는 것이 무엇보다 더욱 경계해야 할 마음가짐입니다.

제대로 된 수집가가 되기 위해서는 물건에 대한 설득력이 있어야 합니다. 왜 이 물건을 수집해야 하고, 이 물건에 대해 얼마나 확신이 있으며, 얼마나 알고 있는지 자신을 설득할 수 있어야 합니다.

또 수집하고자 하는 물건의 종류에 있어서 통일성이 있으면 좋습니다. 종류를 정해놓지 않고 눈에 보이는 대로 손에 닿는 대로 수집하다 보면 정작 물건의 내용은 빈약해질 수밖에 없어요. 수집의 범위를 넓히는 것은 좋지만, 그 사이에 나름의 질서가 유지되어야 합니다. 수집하다 보면 양적으로 늘어나기 마련인데 이러다 보면 수량에 대한 집착은 수집을 심화시키기보다는 수집의 방향을 잃게 만들기 쉽습니다. 따라서 수량에 대한 집착보다는 수집의 목표가 중요하다는 것을 강조하고 싶습니다. 21세기에는 '마니아의 시대'라고 합니다. 그래서 앞으로 수집가의 시대가 올 것이라고 합니다.

수집가는 대부분 금전적으로 풍요해서 이 일을 하는 것은 아닙니다. 오히려 덜 먹고 오직 수집에만 집중하는 사람들이 많습니다. 그렇다 보니 가족

신라 토기

이나 주위로부터 좋은 소리를 듣지 못하는 경우가 부지기수입니다. 그들이 모은 수집품의 깊이와 무게는 그들의 그칠 줄 모르는 의욕으로 고통을 받을 수 있지만, 세인의 관심 밖에 있어 주목받지 못하던 것을 세상에 알리고 여기에 생명을 불어넣는 것이 수집가들입니다.

수집되기 전 하나둘 그냥 있을 땐 단순한 물건에 불과하지만, 체계적으로 모으고 표준을 가지고 수집하면 자료가 되고, 이것이 모이면 역사가 됩니다. 그러니 어찌 수집가의 노력이 적다고 할 수 있을까요? 설령 세상이 알아주지 않아도 그 시대에 명성을 얻지 못할지라도 절대 후회하지 않아야 진정한 수집가입니다.

초등학교를 나와 은행 경비원을 하면서도 금석학과 서지학 수집에 일가를 이룬 박영돈 선생이 있습니다. 평생 신라 토기와 유물을 모아 국립경주박물관에 기증하고 떠난 의사 이양선 선생이 있습니다, 매일같이 범죄와의 전쟁으로 고달프고 박봉의 검사 생활 속에서도 사라질 뻔한 와당(기왓장)을 수집해 우리나라 고대 건축학의 우수성을 세계에 알리고 수집한 와당을 국립중앙박물관에 기증한 유창종 변호사도 있습니다.

이처럼 위대한 수집가들은 우리에게 끝까지 기억되고, 내내 추앙받는 일입니다.

고미술품 가품, 이런 특징 있다

1) 도자기, 때가 지나치게 묻어 있다면 의심하라.

먼저 도자기를 볼까요? 도자기의 가품을 가리는 방법은 우선 전체적인 생김새가 가장 중요합니다. 시대적인 형체(조형)와 색이 맞아야 하죠. 높이와 비교해 몸통이 너무 크거나 작거나 하면 유심히 봐야 합니다.

크기와 비교해 너무 무겁거나 가벼워도 안 됩니다. 큰 것, 작은 것 가리지 않고 많이 들다 보면 무게로 진품의 감을 느낄 수 있게 됩니다. 또 많은 고미술품을 접하다 보면 조형에 대한 균형도 찾을 수 있어요.

또한 어떤 도자기든 지나치게 흙이 묻어 있거나 때가 묻어 있는 경우 90% 가품으로 보아야 합니다. 출토품의 경우 땅속에서 나왔다고 하여도 물에 씻어보면 깨끗하게 씻깁니다. 산화가 심하게 져 있는 경우 산화된 부분에만 흙이 배어 있습니다. 몇백 년이 된 전세품의 백자도 때가 전혀 묻지 않는 것이 80% 이상 됩니다. 하얀 백자마저도 때가 잘 묻지 않습니다.

그 외에도 도자기의 가품을 구별하는 방법은 다 언급할 수 없을 만큼 많이 있지만 한 가지만 예를 들어볼까요? 감정할 때 정교함이 얼마나 필요한지를 보여주는 예입니다. 바로 두께입니다. 도자기의 두께가 얇은가, 두꺼운가도 연

19세기 청화백자 호랑이 항아리.
2013년 크리스티 경매에서 10억 원에
낙찰됐다.

구해야 합니다. 고려 시대 청자라도 연대별로 두께가 다릅니다. 모조품은 그 두께가 시대와 맞지 않습니다. 또 구연부와 굽의 두께도 다 다르죠. 이런저런 경험으로 쌓인 빅데이터 속에서 진품이 가려지는 겁니다.

15세기 조선 분청사기 편호.
2018년 크리스티 경매에서 33억 원에 낙찰됐다.

2) 목가구 감정에는 상상력을!

나무로 만든 가구나 민속품의 가품은 상당히 많습니다. 도자기나 불상보다 가품을 만들기 쉽기 때문이죠. 괴목이든 잡목이든 손재주가 좋은 목수가 새 나무로 만들어 오래된 것 같이 취색을 하면 초보자들은 대부분 속을 수밖에 없습니다. 그러나 기초 상식이 조금만 있다면 취색 속 나무가 생나무이므로 취색을 아주 완벽히 잘했다고 해도 조금만 벗겨지면 나무 속의 흰 새살이 보여 단번에 가짜임을 알 수 있습니다. 그러나 오래된 나무로 만들었을 때는 전문가가 아니면 가려내기가 너무 힘듭니다.

가품을 만드는 사람들은 헌 집이나 오래됐지만, 값이 나가지 않는 큰 장롱을 뜯어 값나가는 작은 목가구를 만들기도 합니다. 모든 기물은 상식선에 맞추어보면 단번에 알 수 있습니다. 이때 약간의 상상력이 필요합니다. 내가 직접 이 물건을 사용했다면 어느 부위에 손이 제일 많이 갔을까? 못도 오래 사용한 장식에 붙어있는 못은 오랜 세월 사용해서 닳은 흔적이 보이고,

장식 모서리도 자연스럽게 닳아있습니다. 이 부분을 눈여겨보면 진품 목가구와 가품 목가구의 차이점을 찾아낼 수 있습니다. 이 점을 고려하여 가짜를 만들었다고 해도 열 군데면 열 군데 모두 옛것과 똑같이 만들 수는 없으므로 반드시 어색한 곳이 있기 마련입니다.

3) 가장 어려운 감정, 금속

감정사들은 고미술 감정 중 금속을 감정하는 것이 가장 어렵다고 합니다. 이런저런 고미술품을 모으는 수집가들 사이에서도 '끝판왕'은 금속 수집가라고 합니다. 그만큼 모든 물건에 감식안이 넓어졌을 때 손대는 것이 금속이라고 할 정도로 어렵다는 말이죠.

우선 오래된 금속은 녹이 나 있어서 산화된 녹이 천연 녹인지 아닌지를 가릴 줄 알아야 합니다. 자연 녹은 냄새를 맡아보면 무취에 가까운 것이 특징입니다. 약간의 흙내는 나지만 녹내는 나지 않습니다. 그러나 인공 녹은 화공약품으로 산화시켜 아직도 산화가 진행 중이므로 냄새가 심합니다.

감정 경험이 많은 사람은 물건

삼층 개판 장롱

에 손만 대봐도 진품과 가품을 구별할 수 있습니다. 특히 손에 수분이 많은 여름철에는 오래된 금속은 손에 붙는 느낌이 들고, 녹이 아무리 거칠어도 부드러운 느낌이 들지요. 이런 예민한 감각은 훈련으로 터득할 수밖에 없습니다.

4) 그림, 붓의 속도를 읽어라

가품이란 진품과 똑같이 그렸다고 마냥 가짜가 되는 것은 아닙니다. 사진과 똑같이 그렸다면 그건 '모방품'이라고 부릅니다. 가품이란 눈속임하려는 용도로 남의 호나 이름을 써넣거나 남의 도장을 새겨 찍어 넣은 것을 말합니다. 또 오래되어 보이게 취색을 했을 때도 가품입니다. 옛날에 그린 그림과 같이 보이게 하려고 때 묻은 종이를 구해 그림을 그려 속였을 때 가품으로 분류합니다.

예를 들면 단원 김홍도 시대에 단원이 아닌 단원의 자제라든가 그 시대의 사람이 단원의 그림이 좋아 똑같은 필법으로 그린 낙관 없는 그림이 나오는 경우가 있습니다. 그 그림 위에 단원의 호를 쓴

고구려 금동연가7년명여래입상. 국보 제119호.

다거나 도장을 찍을 때도 가품이 됩니다. 그러나 이런 행위를 하지 않은 그림은 작자 미상의 그림으로 분류하고 그에 상응하는 가치를 지닙니다.

가품을 찾는 방법은 우선 때가 묻어 있는 그림 위에 호나 이름을 쓰게 되면 먹 색깔이 그림의 먹 색깔과 달라서 이 점을 살피는 것이 중요합니다. 그림은 오랜 세월 묻은 때 속으로 묻혀있고, 새로 쓴 글씨는 공중에 떠 있는 느낌이 듭니다. 그리고 본인의 이름이나 호를 쓸 때는 평소에 쓰던 속도대로 자연스럽게 쓰게 되지만, 남의 글씨를 똑같이 흉내 내려면 붓의 속도가 떨어져 그린 것과 같은 느낌이 든답니다. 글씨에 힘이 없으며 언뜻 보기에는 같아 보이지만 확대기로 보면 억지로 그린 티가 나게 마련이지요. 그런 부분을 찾아내려면 이때도 역시 진짜와 가짜를 많이 분석해 봐야 합니다.

5) 감정, '식스 센스'가 필요하다!

감정은 시각, 청각, 후각, 촉각 심지어 미각까지 이용해야 하는 감각의 영역입니다. 심지어 상상력을 포함한 '육감'마저 동원될 때도 있지요. 고려청자만 해도 그 푸른 빛이 헤아릴 수 없을 정도로 많습니다. 조선백자 역시 그냥 하얀빛이 아니라 오묘하게 다른 빛을 띱

단원 김홍도의 풍속화

니다. 그 많은 색을 전부 눈에 익히는 것이 가장 중요합니다.

이것은 연륜이 필요합니다. 저 역시 처음에는 도자기의 겉 색깔밖에 보이지 않았습니다. 감정사로 20여 년 정도가 되자 도자기 속에 감추어져 보이지 않던 은은한 빛깔이 서서히 보이기 시작했습니다. 아마 그때부터 감정하는 능력이 생긴 것 같습니다. 보통 사람들이 느끼지 못하는 그 색깔이 노련한 감정사들은 2~3m 떨어진 곳에서도 보이게 됩니다.

일본 고미술품 업계에서는 후계자나 제자들에게 이론을 가르치기 전에 도자기를 들여다보는 습관부터 기르게 합니다. 도자기를 양손에 들고 어느 한 부분만 10분, 20분 뚫어지라 들여다보고 있는 일본 고미술품 상점 점원을 수없이 보았습니다. 아무런 설명도 없이 그저 들여다보라고 합니다. 옆에서 보면 지루하기 짝이 없는 행동입니다. 그러나 색이 보이기 시작하면 이론으로는 가르칠 수 없는 특별한 기술을 습득하게 되는 것이지요.

미술품을 구매하는 원칙

미술품은 정말로 좋아하는 마음이 생겼을 때 사들여야 합니다. 이것은 미술품을 구매하는 첫 번째 원칙이며 반드시 지켜야 합니다. 어떤 물건이든 그 물건이 매우 좋아서 갖고 싶은 마음이 있어야만 결단을 내릴 수 있습니다. 일단 갖고 싶은 마음이 있으면 낭떠러지에서 뛰어내리는 기분으로 과감

히 행동해야 합니다.

두 번째 원칙은 함부로 값을 깎지 말아야 합니다. 이 일을 업으로 하다 보니 가격을 깎으려다가 땅을 치며 후회할 일이 가끔 생깁니다. 내 눈에 좋은 물건은 누가 보더라도 좋은 물건이고 그렇기에 값이 오르는 것은 당연하죠. 가격 때문에 놓친 고기는 반드시 커 보이므로 가격을 깎는 것부터 배우면 낭패 보기 십상입니다.

세 번째는 욕심을 버리는 것입니다. 처음부터 욕심 어린 눈으로 물건을 바라보면 눈이 어두워지고 가짜나 가치 없는 물건을 붙잡는 일이 생깁니다. 잘못의 근원이 되기

조선 시대 개다리소반
서울역사박물관 소장

쉬우므로 물건 욕심은 내되 장사 욕심은 경계해야 합니다.

구매한 작품은 될 수 있는 한 반품하지 말라는 것이 네 번째 원칙입니다. 가짜만 아니라면 언젠가는 '타이밍'이 오기 마련이에요. 때를 기다려야 합니다. 빨리 파는 방법도 알아야 하지만, 조용히 적절한 시기를 기다리는 자세도 필요합니다.

마지막으로 좋고 싫은 것, 필요하다는 것과 필요 없는 것 등등 물건에 핑계를 대는 행동은 삼가야 합니다. 작품은 작품으로 존재해야지 내 취향에 좋고 싫음과 필요성에 따라 가치가 흔들려서는 안 됩니다.

좋은 감정사일까? 하류 상인일까?

감정사가 믿음이 가지 않으면 그 사람이 소유하고 있는 작품도 믿음이 가지 않습니다. 유명한 추사 선생의 값나가는 글씨를 걸어놓고 장황한 말을 덧붙여봤자 글씨의 뜻을 풀어 가슴에 새기지 못한다면 무식한 졸부 소리밖에 들을 것이 없지요. 그래서 감정사가 건전하지 못하면 수집하는 물건의 가치까지 소멸해버립니다.

수집하는 데 있어서 이익을 염두에 두면 물건을 이해하는 판단력이 흐려져 물건의 가치를 찾아낼 수 없고, 진정한 자기 것을 만들 수가 없습니다. 물건이 잠시 스쳐 가는 얄팍한 하류 상인에 지나지 않아요.

작품에 대해 진지한 관찰력을 길러야 합니다. 그리고 판단력을 기르기 위한 기본 지식을 쌓아야 합니다. 관찰력에 판단력을 더하면 답이 나옵니다. 수집을 장기간 하다 보면 자연스럽게 미학에 일가견이 생기게 됩니다. 상품에는 질이 좋아서 값이 비싼 것도 있지만, 질이 나쁘면서 비싸게 부르는 물건도 많습니다.

판매하는 상인도 물건을 구별하는 기준 또는 감정능력이 예리한 상급이 있는가 하면 중급과 하급도 있습니다. 팔고 사는 상술 또한 다릅니다. 따라서 같은 수준의 고미술품이라도 판매 가격은 천차만별입니다. 수집하는 쪽에서 잘 판단하는 수밖에는 별도리가 없습니다.

한편 수요자는 어디에서 좋은 물건이 나올지 모르는, 즉 낯선 곳에서 보물찾기 또는 사냥이나 낚시를 하는 기분입니다. 가격이 천차만별인 고미술품 앞에서 수집가는 혼란스럽기 마련입니다. 물건에 대한 가치 기준이 상인마다 다르니 구매하는 가격 또한 각기 다르죠. 결국, 최종적인 평가는 수집가

개인의 역량에 달려있습니다. 그러므로 모든 고미술품은 수집가의 손에 들어갔을 때 다시 창조되는 것입니다.

구체적으로 어떤 물건을 사야 할까요?

그렇다면 어떤 물건을 사야 할까요? 방향 제시를 하자면 고미술 가격은 어떻게 정해질까요? 누구나 궁금할 것입니다. 고미술품은 가격이 없다고 하는 사람은 이 분야에 대한 문외한입니다. 결론부터 말하면 골동품은 정확한 가격이 있습니다.

예를 들어 20년 이상 골동품 매매를 한 상급 상인 10명이 물건 하나를 놓

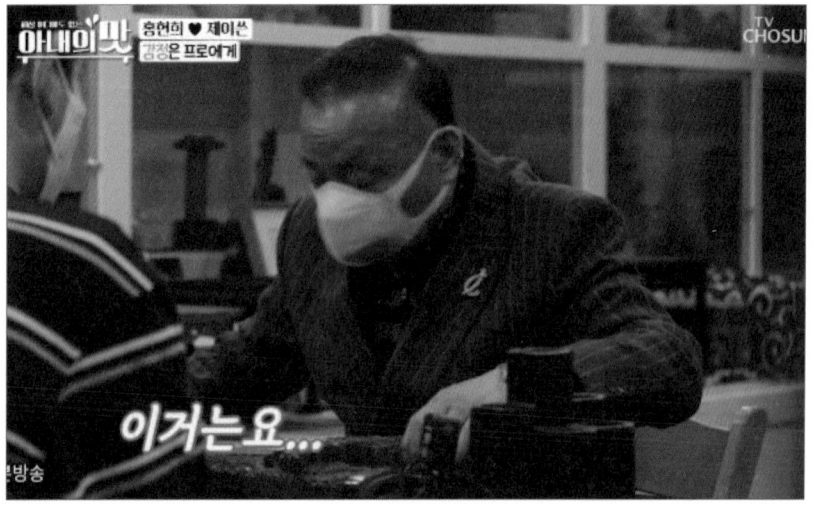

고 비밀투표로 가격을 써서 낸다고 가정해보세요. 결과는 그 오차 범위가 10%밖에 나지 않습니다. 사람의 눈은 각기 다르지만, 물건에 대한 평가만은 매우 정확합니다.

그렇다면 가격은 어떻게 정해질까요? 어느 유명한 상인이 최고의 가격을 받았거나, 평론가가 그럴듯하게 평가를 해줬거나, 유명 경매장에서 최고의 낙찰 가격이 정해지거나 하면 그것이 기준이 됩니다. 그에 따라 가격이 높아지기도 하고, 낮아지기도 합니다. 때로는 물건을 살 때보다 경기가 나빠지거나 IMF 같은 큰 국가 경제 위기가 닥치면 어쩔 수 없이 고미술품의 가격은 하락합니다. 북한이나 중국에서 고려청자 등 문화재가 갑자기 많이 들어와 가격이 하락할 때도 있습니다.

고미술품은 오래되었다고 가격이 높게 책정되지 않습니다. 사실 연대와 가격은 관계가 없어요. 또 비싸다고 무조건 좋은 것도 아닙니다. 가격을 결정하는 방법은 우선 같은 종류의 물건을 1급~5급으로 구분합니다. 예를 들어 같은 유형의 고려청자 주전자가 1급이 10억 원이면 2급은 5억 원, 3급은 1억 원, 4급은 5천만 원, 5급은 1천만 원 이하로 구분되어 있다고 쳐봅시다. 그러면 고려청자 유병이 1급은 1억 원, 2급은 5천만 원, 3급은 1천만 원, 4급은 5백만 원, 5급은 1백만 원 이하가 되겠지요. 이럴 때 10억 원짜리 청자 주전자는 지금까지 나온 유형 중 최고이므로 무조건 사야 합니다. 그다음은 3급짜리 주전자와 같은 가격인 유급 1급을 1억 원에 사야 합니다. 이렇게 모든 종류의 물건에는 나름대로 급수가 정해지고 최고급을 구매하는 것이 여러모로 이익을 가져다줍니다.

물론 자기 경제적 능력에 맞춰 수집하면 됩니다. 고미술품에는 어떤 종류의 물건은 1급이 100만 원이나 10만 원에 구매할 수 있습니다. 그러나 어떤 특정 장소에 사용할 장식용으로 구매한다면 급수 또는 가격에 상관없이 그 장소에 어울리는 물건을 수집해야 합니다.

고미술품은 취향의 영역입니다. 취향에 맞으면 좋은 가격에 거래할 수 있습니다. 하지만 박물관을 운영할 꿈이 있다면 이야기가 좀 달라집니다. 그런 목적이라면 역사적 사료를 수집해야 하므로 5급 이하 물건이라도 기물에 제작 장소나 연호가 새겨져 있다면 망설이지 말고 구매해야 합니다. 작가 이름이 있거나 명문이 새겨진 물건은 가격이 다소 높더라도 역사적인 자료이므로 구매해야 할 이유가 충분합니다. 물건에 역사성이 있다면 파편이라도 구매해야겠지요. 그림이나 글씨로 예를 든다면 고려 시대부터 그 이상의 연대가 있는 그림이나 글씨라면 손톱만 한 조각이라도 반드시 수집해야 합니다.

고미술 앞에선 솔직하고 겸허하게

고미술품 감정은 우리 문화유산의 가치를 평가하는 일입니다. 감정에 앞서 겸허한 마음가짐이 필요합니다. 가품을 진품으로 오판했을 경우 그 손실은 적다고 할 수 있으나 반대로 진품을 가품으로 오판했을 때의 손실은 국가와 역사 앞에 큰 죄를 짓는 행위가 됩니다.

따라서 감정은 제일 겸허하게 해야 하고, 가장 평온한 마음으로 문화재를 바라보는 연습이 필요합니다. 아무리 오랜 경험을 가진 감정사라도 의뢰받은 물건의 진실이 잘 가려지지 않는 경우가 생길 수 있는데 이럴 때는 솔직하게 "잘 모르겠다"라고 말해야 하고, 그것이 감정사의 기본자세입니다. 그러나 상인이나 학자 중에 확실한 판단이 서지 않는다고 의뢰품을 무조건 가짜로 판명하는 성급함을 보일 때가 있습니다. 이는 참으로 위험한 발상입니다. 그 말 한마디에 귀중한 문화재가 한 점 소실되는 것은 물론이요, 개인과 국가가 입는 피해는 이루 말할 수가 없죠. 오랫동안 이어져 온 문화재를 사라지게 하는 것이니까요.

문화재를 다루는 사람들은 '전쟁에서 승리하려면 백 명의 적군을 놓치더라도 한 명의 양민을 구하라'는 진리를 간직해야 합니다.

고미술품 감정사가 되고 싶다면

고미술품 감정사는 특별한 학력이나 자격증 같은 자격요건은 별달리 없습니다. 감정을 가르치는 공신력 있는 전문 학원도 없습니다. 때로는 일부 특성화 대학이나 대학 부속 사회교육원에서 고미술 수집가를 대상으로 하는 문화재과나 고미술품 감정학과가 있습니다.

저는 명지대 사회교육원에서 고미술품 감정학과 교수로 재직 중입니다. 제가 맡은 과만 봐도 자신의 본업 이외에 감정에 대한 전문 지식을 쌓고 싶어 찾아오시는 분들이 많습니다. 옛것에 대한 향수와 애정을 가진 분들이지만, 고미술품이 재테크로 활용되면서 전문 투자자로 변신하여 겹벌이 개념으로 경제적 이익을 보는 분들도 꽤 많습니다.

직업적으로 결부시켜보면 문화재의 진위를 감정하고 역사적· 예술적·시장적 가치를 평가하는 문화재 감정평가사가 이 분야에서는 가장 전문적인 직업인이라 할 수 있습니다. 문화재 감정평가사가 되기 위해서 공식적으로 요구하는 자격이나 학력은 없습니다. 그러나 일반인들이 잘 모르는 문화재에 대한 진위와 역사적·예술적 가치를 평가하기 위해서는 그림과 문화재 그리고 역사에 대한 해박한 지식이 요구되지요. 관련 학과로는 고고학이나 미술사학 등을 전공하고 관련 분야에서 오랜 경력을 쌓아야 합니다.

미래 고미술품은 어떻게 감정할까?

앞서 감정은 오감을 넘어 육감이 필요하다고 했습니다. 그러나 앞으로의 감정은 과학적이고, 누가 봐도 이해할 수 있는 논리가 성립되어야 합니다. 지금은 탄소 측정기, X선 촬영기, 적외선 및 특수 DVD 촬영기 등의 기술발

달과 연구 덕분에 서화나 도자기 분야 감정에서는 정확한 감정을 할 수 있습니다. 나날이 그 기술은 발전하고 있고 더욱더 정확한 감정이 이뤄질 날이 다가오고 있습니다.

유튜브 '이상문TV'의 한 장면
고미술품에 관심을 보이는 초등학생들이 출연했습니다. 아이들의 해박한 지식에 놀라웠고, 이 학생들을 보니 국내 고미술품 시장의 미래가 기대됩니다.

요즘 유행하는 기술인 '딥러닝'을 고미술품 감정에 적용할 수도 있을 것입니다. 기존의 수만 가지 고미술품의 조형과 오묘한 빛깔들 그리고 무게를 시대별로 구분해 AI에 학습시킨다면 시대적 조형이 맞지 않는 매우 기초적인 단계의 가품 구별은 누구나 쉽게 할 수 있을 것입니다. 이렇게 된다면 어설프게 만들어진 가품을 피하는 건 아주 쉬운 일이지요. 초보 시절의 저처럼 수많은 가품을 사들인 뼈아픈 경험은 하지 않을 수도 있지요.

그러나 반대로 기술이 발달하는 동시에 가품을 만드는 기술 역시 발전하고 있는 것이 현실입니다. 연대를 추정하는 기계가 나오면 기계를 속이는 방법을 연구하기 때문에 감정 전문가와 가짜를 만드는 사람들이 벌이는 두뇌 싸움은 인간이 존재하는 한 계속될 수밖에 없습니다. 감정이란 학문은 정확한 판단을 어렵게 하는 시간이라는 담요로 꽁꽁 쌓여있어 끝없이 정진하고, 탐구하며, 많은 경험을 쌓는 길이 가장 좋은 감정 연구 자세가 될 것입니다.

단번에 판단하지 말고 자세히 보고 또 보고 혹은 수십 번 수백 번 보고 분석하여 결정을 내려야 합니다. 만약 어느 한 부분이라도 진품 같은 느낌이 들거나 어딘가 석연치 않은 부분이 있다면 '모른다'라고 판정하여 과학이 발달한 후대에서 풀도록 숙제로 남겨두는 것이 문화재를 다루는 사람으로서의 양심이며 또 다른 의미의 문화재 보호라고 생각합니다.

자, 이제 고미술품(골동품) 감정이라는 게 어떤 일을 하는지 이해되셨나요? 그렇다면 여러분도 이 직업에 한 번 도전해보는 것은 어떨까요? 능력 있고 열정 있는 후배를 학수고대하고 있겠습니다.

김현정

와이즈만북스 본부장 ｜ 연세대학교 대학원 중문과 석사 ｜ 2001년~2002년 들녘 느림보 편집팀
~2003년 중앙M&B 편집기자 ｜ ~2010년 주니어김영사 편집팀 ｜ ~현재 와이즈만북스 편집장, 본부장
2016년 청소년 문화예술 진로 탐색 프로그램_출판원정대 대표 강사 ｜
2001년~현재 『개념 잡는 초등사전』 시리즈, 『피타고라스 구출작전』 시리즈, 『빨간 내복의 초능력자』 시리즈,
『사이다 탐정』 시리즈 등 수백 권 도서 기획 ｜
2020년~현재 『포코포코야 어디가』 시리즈, 『차표는 어디로 날아갔을까?』 번역
주요 관심 분야: 유아동 도서, 청소년, 자녀교육서

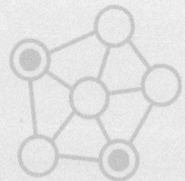
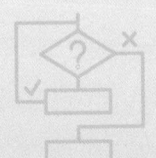
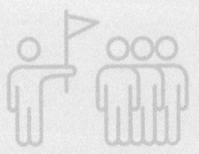

CHAPTER
05

미래 출판편집자 되기

미래의 출판인을 환영합니다!

20년 전, 저는 왜 출판사 편집자를 하고 싶었는지, 어떻게 출판사에 입사했는지, 출판사 신입 시절에는 어땠는지를 찬찬히, 곰곰이 편집자의 시간을 돌아보겠습니다.

『미생》, 『김비서가 왜 그럴까』, 『여신강림』, 『옷소매 붉은 끝동』, 『전지적 독자 시점』의 공통점은 무엇일까요?

맞아요.

모두 웹소설이나 웹툰이 원작이에요. 웹소설이나 웹툰 같은 전자책이 인기가 많아지면 종이책으로 나오고, 또 이렇게 드라마나 영화, 애니메이션, 게임이 되기도 합니다.

하나의 좋은 콘텐츠가 다양한 장르로 구현되는 것을 '원 소스 멀티 유즈'라고 합니다. 원 소스 멀티 유즈(OSMU: One-source Multi-usel)는 똑똑한 콘텐츠 하나가 다양한 버전과 매체로 돈을 벌 수 있어서 모든 출판사가 바라는 사업 방향입니다. 콘텐츠 하나로 돈을 많이 번 작가로는 누가 있을까요?

『해리포터』시리즈를 쓴 조앤 K. 롤링도 책 인세와 영화 판권료, 각종 캐릭터 상품의 로열티로 218억 원을 벌었어요. 또『윔피키드』시리즈를 쓴 제프 키니도 224억 원을 벌어 부자 작가가 되었어요.

사람이 하는 일 중에서 반 이상이 인공지능 로봇으로 대체되지만,

스토리텔링이라는 콘텐츠 생산은 인공로봇이 절대로 대체하지 못하는 일입니다.

콘텐츠는 가장 저렴한 비용으로 가장 비싼 결과물을 만들어냅니다. 그런 콘텐츠를 기획하고 만들어내는 출판인이 된다는 것은 너무너무 매력적인 일입니다.

책은 어떻게 만들어질까요?

도서 기획 ▶ 저자 섭외 ▶ 원고 청탁 ▶ 원고 피드백 ▶ 본문 디자인 ▶ 교정, 교열, 윤문 ▶ 제목 정하기 ▶ 표지 디자인 ▶ 인쇄 ▶ 제본 ▶ 물류, 유통 ▶ 서점 ▶ 독자

출판의 다양한 업무 직종에 대해 초성 퀴즈를 맞혀보세요.

ㅁㅋㅌ

- 신간 도서에 대한 정보를 알립니다.
- 서점 진열대에 POP를 답니다.
- 월말이면 거래처에 거래명세서를 발행합니다.

ㄷㅈㅇㄴ

- 출판사의 출판 방향과 특징을 잘 이해합니다.
- 책(표지)이 전시될 장소와 전시 방법과 환경을 고민합니다.
- 본문 디자인은 독자가 읽기 편하게 고려합니다.

ㅍ ㅈ ㅈ
- 도서를 기획하고 저자를 섭외합니다.
- 저자와 출판사 사이의 계약 내용을 사전에 협의합니다.
- 원고의 교정 교열을 하고, 보도자료를 작성합니다.

ㅇ ㅇ ㅈ ㅌ
- 영어(외국어)로 의사소통할 수 있습니다.
- 해외 도서전에 가면 제일 바쁜 사람들입니다.
- 도서의 판권에 대해 수출입 업무를 합니다.

ㅈ ㅈ ㅈ
- 인쇄 과정을 잘 알고 있습니다.
- 종이의 종류와 특성을 잘 압니다.
- 제본이나 후가공 과정의 전문가입니다.

ㅈ ㄱ
- 원고를 집필하고 그에 대한 책임이 있습니다.
- 창의적인 작업을 합니다.
- 출판사와 저작권 계약을 합니다.
- 어느 한 분야의 전문가입니다.

정답) 마케터, 디자이너, 편집자, 에이전트, 제작자, 작가

한 권의 책이 원활하게 만들어지기 위해 함께하는 모든 스텝입니다.

이 가운데 하나라도 제대로 되지 않으면 완성도 높은 도서가 나올 수 없습니다.

출판 마케팅에서 가장 중요한 네 개의 키워드

price
기업이 제품을 매기는 가격
기업이 설정하는 가격은 이윤 극대화, 판매 극대화, 경쟁자 진입 규제 등 시장 전략에 따라서 달라질 수도 있어요.

product
독자들이 어떤 책을 원하는지 시장 조사 후 책의 출간을 결정해요.

place
책이 판매되는 장소입니다. 어떤 장소에 책을 놓느냐에 따라 책이 효과적으로 보일 수 있을까를 염두에 둬야 합니다. 제품이 고객에게 노출되는 장소라는 물리적 개념이기도 하면서 동시에 유통경로와 관리 등을 아우르는 공간적 개념까지도 포함합니다.

promotion
광고, PR, 다이렉트 마케팅, 판매촉진 등 고객과 이뤄지는 다양한 소통의 방식을 말하며, 기업이 사회적 책임을 앞세워 사회와의 연계성을 강화하는 것도 그중 하나입니다. 예를 들어 책의 수익금 중 일부를 기부하는 것도 독자의 구매력을 높이는 방법입니다.

마케터는 무엇을 하나요?

출판 마케터는 책을 효과적으로 보여줄 방법을 찾아 시도해요. 따라서 출판 마케터는 대중문화의 흐름에 민감하고 문화 상품에도 관심이 많아야 하지요. 온라인, 오프라인 매체들에 대해서도 항상 살펴봐야 합니다. 물론 출판 마케터는 다양한 사람들을 만나고 소통하는 걸 즐길 수 있는 활달하고 적극적인 성격의 소유자라면 금상첨화입니다.

요즘같이 디지털시대는 과거와는 달리 책을 알리는 방식이 달라지고 있어요. 종이매체보다 인터넷매체 또는 소셜미디어를 통해 홍보하고 있죠. 그래서 출판사들은 온라인 마케팅의 비중을 늘리고 있습니다.

출판사 자체에서 팟캐스트를 운영하거나 유튜브를 운영하는 경우가 많아요. 하지만 여전히 종이매체로 홍보하는 방법도 있지요.

책 광고를 만들려면 책을 구매할 소비자가 누구이며, 그들의 취향은 어떠한지를 먼저 파악해야 합니다. 그런 후 독자들에게 책의 탁월한 점을 명확하게 전달해야 하지요. 여기서 중요한 점은 독창적인 방식으로 메시지를 보여

줘야 한다는 거예요.

북 디자이너는 무엇을 하나요?

시각디자인이나 출판 디자인을 전공한 사람들이 북 디자인을 해요. 출판사 안에 디자인팀이 있는 경우에는 출판사에 소속되어 일하고요. 전문 북 디자인 업체에 소속되어 일할 수 있고요. 개인 프리랜서로서 출판사의 일을 받아서 일할 수 있어요.

책의 디자인은 표지 디자인과 본문 디자인으로 나뉘어요.

표지 디자인은 앞표지, 뒤표지, 책등, 표지 앞뒤 날개, 띠지가 해당하고요.

본문 디자인은 판형 정하기, 서체, 글자 크기, 자간 크기, 행간 크기, 쪽 번호, 그림 디렉팅, 사진 디렉팅을 진행해요.

디자인을 의뢰받으면 책의 기획 의도, 주제, 독자 타깃, 출판사의 브랜드 이미지에 맞춰서 디자인 시안을 내고, 담당 편집자와 이견을 조율해서 책의 디자인을 진행합니다.

훌륭한 북 디자인을 대상으로 출판인회의에서 매년 '올해의 북 디자인상'을 주기도 합니다.

모든 디자인에 유행이 있듯이 북 디자인도 유행에 민감합니다. 특히 표지 디자인이나 서체들도 유행이 있습니다. 어떤 서체나 어떤 색상을 썼냐를 보면, 그 책이 언제쯤 나왔을지를 짐작할 수 있을 정도입니다.

북 디자인을 하려면 맥디자인 또는 인디자인 프로그램을 배워야 합니다. 그리고 포토샵이나 일러스트나 어도비 프로그램을 잘 활용할 줄 알아야 합니다.

책 표지가 결정되기 전에 디자이너는 여러 개의 디자인 시안을 만듭니다.

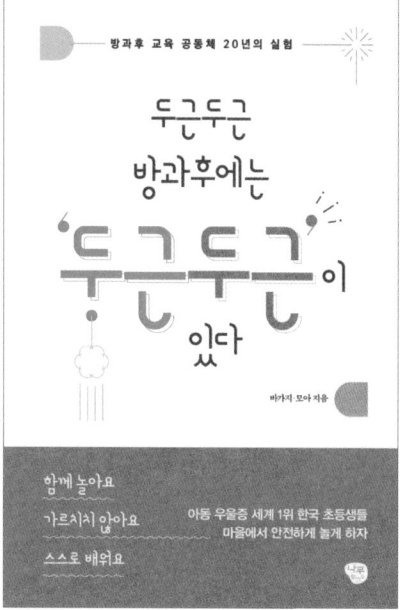

에이전트는
무슨 일을 하나요?

출판사에서 외서를 번역해서 내기도 하고, 국내 책을 해외에 수출하기도 합니다. 에이전트는 한국의 책을 외국에 수출하고, 외국의 책을 한국으로 수입하는 일을 합니다. 그래서 신간 도서들을 가지고 에이전시에 홍보를 다니기도 하고, 필요한 책을 에이전시에 요청하기도 합니다.

에이전트는 외국어 특히, 영어가 유창한 사람들이 많이 일합니다. 영어권 도서나 일본어권 도서, 독일어권, 프랑스어권 도서들을 검토해서 우리나라 독자들이 좋아할 만한 도서를 고릅니다.

큰 출판사에는 에이전시 팀이 있어서 수출입 업무를 담당합니다. 작은 출판사들은 에이전시 회사를 통해서 수출입을 일을 의뢰합니다.

에이전시들은 국내 출판사에 자신들이 거래하는 외국 출판사들의 베스트셀러나 신간 도서들의 소식을 정기적으로 출판사에 뉴스레터 형식으로 보내줍니다. 다른 방식으로는 매년 국제도서전에 참가해 세계의 다양한 출판인들이 만나서 정보를 교환하고, 계약하기도 합니다.

우리나라도 서울국제도서전을 매년 열고 있고, 중국에는 북경 도서전과 상해 도서전, 일본은 동경 도서전이 등이 있으며, 세계적으로 유명한 도서전으로는 이탈리아의 '볼로냐 국제어린이도서전', '런던 국제도서전', 독일의 '프랑크푸르트 도서전'이 있습니다.

[그림 8] 서울국제도서전

[그림 9] 볼로냐 국제어린이도서전

그렇다면 국내 출판사에서는 어떤 책을 수입할까요?

크게 두 가지입니다.

첫째, 외국의 유명한 작가 작품이나 베스트셀러, 또는 권위 있는 상을 받은 도서를 수입합니다. 이런 도서는 번역 출판했을 때 판매가 매우 잘 되기 때문입니다.

둘째, 출판사에서 출간하고 싶은 주제나 형식인데, 국내에서 마땅한 작가가 없거나 개발비를 너무 많이 투자하고 만드는 데 시간이 오래 걸리는 책이 외국에서 나왔다면 수입합니다. 요즘은 완성된 책을 파는 게 아니라 더미북(가제본) 상태에서 책의 저작권을 수출합니다.

요즘은 출판사도 대형화가 대세입니다. 한 예로 영국에 본사가 있는 출판 그룹의 경우 미국에도 큰 지사가 있고, 많은 작은 출판사들을 인수 합병해서 엄청난 규모의 다국적 기업이 되었지요. 30년 된 이 출판사는 이번에 미국의 100년 된 회사를 인수했다고 하더라고요.

출판산업의 강대국은 어디일까요?

셰익스피어(Shakespeare), 『반지의 제왕』, 『셜록 홈스』, 『해리포터』를 낳은 영국이랍니다. 저희가 잘 아는 산업혁명 시기에 인쇄 기술도 본격적으로 상용화되었으니까요. 요즘은 출판 인쇄 제작 대부분은 모두 중국에서 진행합니다. 정말 굴뚝 없는 산업이 되었지요.

그다음이 미국입니다. 영어로 책이 만들어지면 영국, 미국은 물론 호주, 캐나다 그리고 세계 곳곳에 많이 팔 수 있기 때문입니다.

작가는 무엇을 하나요?

콘텐츠는 가장 저렴한 비용으로 가장 비싼 결과물을 만들어냅니다. 예전 부터 출판사에 다닌다고 하면, 혹은 책 만드는 일을 하고 있다고 하면, 많은 분이 작가의 역할도 한다고 오해를 하더라고요. 책을 만든다는 표현에서 책 을 쓴다고 생각하는 거 같아요.

책은 작가가 글을 쓰고, 그림도 그 립니다. 작가는 글 작가, 그림 작가, 만화 작가, 사진작가로 크게 나눌 수 있지요.

출판사는 작가와 저작권 계약을 맺습니다.

출판권·배타적 발행권 설정 계약서

- 저작자명 : 000
- 저작물명 : 열향과학 시리즈

저작권자 000를 '갑'이라 하고 출판권배타적발행권자인 엘컬출판사를 '을'이라 하여 본 저작물의 출판과 관련해 다음과 같이 계약을 체결한다.

· 발행권 공통
제1조(출판권배타적 발행권의 설정) '갑'은 출판권배타적 발행권을 포함하는 본 저작물 의 발행권을 '을'에 설정하고, '을'은 본 저작물의 출판, 전송, 복제 및 배포에 관해 전 세계에 독점적 권리를 갖는다.

제2조(용어의 정의)
1) 이 계약에서 말하는 '출판권'이라 함은 저작권법에서 규정하고 있는 '인쇄 그 밖에 이와 유사한 방법으로 문서 또는 도화로 발행할 수 있는 권리'로서 저작물에 대하여 준물권적 배타성을 갖는 권리를 말한다.
2) 이 계약에서 말하는 '배타적 발행권'이라 함은 저작권법에서 규정하고 있는 '저작물 을 발행하거나 복제·전송할 수 있는 권리'로서 저작물에 대하여 준물권적 배타성을 갖는 권리를 말한다.
3) 이 계약에서 말하는 '전송'이라 함은 저작권법에서 규정하고 있는 공중송신권에 기 반하여 '공중이 개별적으로 선택한 시간과 장소에서 수신하거나 이용할 수 있도록 저작물을 무선 또는 유선 통신의 방법에 의하여 송신하거나 이용에 제공하는 것'을 가리키며 인터넷 및 부가서비스 등을 이용하여 개인용 컴퓨터, 전송단말기, 휴대전화 등에 다운로드 하거나 고정할 수 있는 디지털 파일로 제작하여 전자책(e-book) 등 에 이용할 수 있게 하는 것을 포함한다.

제3조(출판권배타적 발행권의 유효기간과 재고도서의 배포)
1) 본 계약에 의한 출판권은 계약일로부터 본 저작물의 초판 발행일에서 그리고 초판 발행일로부터 5년간 그 효력이 존속한다.
2) 본 계약에 의한 전송 이용권은 계약일로부터 본 저작물을 최초로 디지털 파일 제작 을 완료한 날에서 그리고 최초 디지털 파일 제작 완료일로부터 5년간 그 효력이 존 속된다.
3) 계약 만료일 3개월 이전까지 '갑'과 '을'의 어느 한쪽에서 계약 갱신을 원하지 않는 다고 문서로 통고하지 않는 한, 이 계약과 같은 조건으로 5년 단위로 연장된다.
4) '을'은 출판권이 소멸된 후에도 계약 유효기간 중에 인쇄된 재고도서를 배포할 수

출판사는 도서의 6%~10%까지를 인세로 지급합니다. 인쇄 제작비가 정가의 20% 정도여서 원가는 총 40%입니다.

저자 인세 10%+제작비 20%+물류 유통비 10%=40%

도매상이나 총판에 평균 60%에 공급하므로 출판사는 도서 정가의 20% 정도를 법니다.

출판사에서 책을 내고 싶은 예비작가 중에는 투고원고를 이메일이 아닌 원고지에 직접 쓴 원고를 가져오는 분들이 있습니다. 본인의 원고는 너무 귀하고 가치 있는 원고라서 꼭 출판해야 한다고 신신당부를 합니다. 막상 원고를 읽어보면 황당하고 당황스러운 경우도 많습니다. 작가는 자기 작품이 최고라는 생각에 갇혀 있습니다. 자신이 정성스럽게 쓴 원고는 본인에게는 보물이지만 출판은 상업성이 전제된 것이라서 팔리지 않을 원고는 절대 출판하지 않습니다.

출판계에서 '좋은 작가'의 개념도 많이 달라졌습니다. 예전엔 문학성이 높은 작가가 좋은 작가였다면, 요즘은 팬덤이나 팔로우 구독자가 많은 작가가 좋은 작가입니다. 시대마다 좋은 작가의 기준이나 정의가 달라지기도 합니다.

좋은 독자란?
자신이 좋아하는 작가의 후속 시리즈를 꼭 사보는 독자
자신이 좋아하는 출판사의 신간에 관심을 두는 독자
자신이 좋아하는 편집자가 만든 책의 제목을 기억하는 독자 작가와 출판사는 알면서 편집자에 관심을 두는 독자가 있을까?
실제로 편집자를 따라서 출판사를 옮겨 다니는 작가들도 있는데,
위대한 작가를 키운 편집자들도 많습니다.

편집자와 작가의 관계는 어떨까요?

책이 잘 팔리면 서로 고마운 관계, 책이 잘 안 팔리면 서로 미안한 관계가 됩니다. 여러 권의 책을 함께 만들면 인생의 선후배, 오랜 벗이 되기도 합니다. 20년 전부터 책을 저랑 여러 권 출간한 작가들은 제 결혼식 때, 우리 아이 돌잔치 때도 와주시고, 제가 인생의 고민이 있을 때마다 저와 함께 술 한잔을 하거나 차를 마셔주는 친구가 되었습니다.

작가를 믿는다는 것은 어떤 의미일까요?

그림 작가와 계약을 하기로 두 달 전에 구두로 약속을 했습니다. 두 달 뒤 작가가 바쁜 일이 끝나서 계약서를 작성하려고 했는데, 손가락 관절에 이상이 생겨 깁스해서 계약을 못 하겠다고 했습니다.

어차피 다른 사람을 찾아도 또 두 달을 기다려야 하니 작가의 손가락 관절이 나을 때까지 기다리기로 했습니다. 그때 두 달 뒤에 또 다른 핑계를 대면 어쩌지 하는 불안감도 있었습니다. 하지만 두 달이 지나자 그림 작가는 약속을 지켰고 계약을 했어요. 작가는 편집자의 신뢰와 기다림을 배신하지 않고, 일정을 지켜 그림 작업을 열심히 해서 무사히 책이 잘 나왔습니다.

내 책을 내고 싶은 예비작가들에게!

책을 쓴다는 것은 무수히 많은 시간을 내야 합니다.

그전에 아이디어를 모으고, 기획하는 시간이 오래 걸리지만, 작가에 따라 집필하는 시간이 한 달이면 충분하기도 하고, 좀 더 걸리기도 합니다.

아이디어가 떠오르지 않을 때는 키워드들을 한두 가지씩 매일 적습니다. 쓰고 싶은 주제들의 키워드들이 모여서 책의 목차가 되지요. 책의 목차가 잡히고 자료가 충분히 모여졌을 때 집필에 집중합니다.

글을 쓰는 게 쉽지 않지만, 그 글이 책으로 만들어져 출판되는 것은 더 어렵습니다. 출판은 독자층이 있어야 판매가 되므로 모든 책을 출간해 주지 않습니다. 저자가 홍보 능력이 있고, 팬층이 있어야 출판사에서도 적극적으로 책을 내줍니다. 그래서 파워 블로거나 유명 유튜버가 책을 많이 출간합니다. 그분들은 이미 독자층과 홍보 망을 가지고 있기 때문입니다. 책을 집필하면서 어떤 루트로 책이 팔릴지, 어떤 사람들이 이 책을 살지를 고민해 보면서 글을 써야 합니다.

그래서 글을 쓰기 전에 출간기획서를 써보는 것이 아주 중요합니다.

신간 기획안

시리즈명	엉뚱하지만, 과학입니다 (총5권)					
사양	150*224	96쪽	양장	정가	13,000원	장르	교양정보
분야	국내도서 > 어린이 > 3-4학년 > 3-4학년 학습 > 3-4학년 과학					
타깃	- 1차 타깃 : 과학을 좋아하거나 과학에 자신이 없고 흥미를 붙이고 싶은 3~4학년 - 2차 타깃 : 흥미진진한 이야기로 과학에 재미를 느끼고 싶은 초등 1-2학년					
기획 의도	- 미국 하버드대학교의 유머 과학잡지인 <애널스 오브 임프로버블 리서치(AIR)>가 과학에 대한 일반인의 관심을 불러일으키기 위해 1991년 제정한 이그노벨 상 역대 수상자들의 연구와 업적 증, 초등학생들의 호기심과 탐구심을 자아낼 엉뚱한 과학적 실험이나 발상의 소재로 구성했다. - 친근한 일상 에피소드와 엉뚱한 과학적 아이디어와 실험으로 아이는 물론 어른의 호기심과 과학적 탐구심을 자아내기에도 충분하다. - 과학 원리를 철저하게 일상생활과 연계하여 문제 발견, 생활 속 적용, 응용 발전이 가능하도록 구성해서 읽으면서 저절로 과학문해력을 키울 수 있도록 구성했다.					
예상 작가	원종우(과학 커뮤니케이터, 과학 팟캐스트 [파토의 과학하고 앉아있네] 기획 및 진행자) : 파토샘의 과학원리 설명부분 최향숙(동화 및 어린이 교양서 작가) : 도입 스토리동화					
권별 구성	1권 물리편 /2권 화학편 /3권 생물편/4권 지구와 우주편/5권 정보 환경 공학 편					
홍보 마케 팅전 략	- 괴짜과학자로 유명한 원종우 작가와 <엉뚱하지만 과학입니다>시리즈의 컨셉이 잘 맞는다. 원종우 작가의 팟캐스트, 유튜브 <과학하고 앉아있네> 중심으로 적극홍보, 원종우 작가의 과학자들의 인맥으로 추천글들을 넣고, 원종우 작가의 첫어린이책으로 전국구 릴레이강연을 진행할 수 있다.					
경쟁 도서	도서명	표지	출판사	가격/ 페이지	출간일	판매 지수
	퀴즈! 과학 상식 황당 암호 수학		글송이	9,500원/ 192p	2014.10.30	5,028

편집자는
어떤 일을 할까요?

출판사마다 조금씩 다릅니다. 출판기획팀이 따로 있는 회사에서는 편집자가 편집만 하지만, 대부분의 출판사는 편집자가 기획에서부터 판매 전략까지 모든 일을 총괄하는 PD 역할을 합니다.

출판사에 소속되어 편집 일을 할 수도 있고, 외부 프리랜서 편집자로 여러 출판사와 일을 할 수도 있습니다.

편집자의 역할 변화

〈과거〉

편집자가 저자와 독자 사이에 있는 유일한 매개 역할을 했습니다.

주로 최초의 독자, 표본 독자의 시선으로 원고를 읽고 조언하고 편집했어요. 작가에게 편집자의 권위를 세울 수 있었습니다.

〈현재〉

저자가 독자를 먼저 만납니다. 브런치나 개인 블로그, 유튜브 등에 글을 연재해서 수십, 수백 건의 댓글에 응대하고 소통합니다. 독자들도 이젠 혼자 책을 읽지만 않고, 읽으면서 독자들과 소통합니다.

편집자는 무슨 일을 하나요?

- 독자들이 필요로 하는 책 기획하기

- 저자를 섭외하고 계약서 작성하기

- 원고를 피드백해서 최종원고 받기

- 원고를 교정, 교열, 윤문하기

- 본문 내용에 대한 오류 확인을 위해 전문가 감수받기

- 저자 서문, 추천인의 글 의뢰해서 받기

- 책 제목, 목차, 뒤표지 문구 정하기

- 디자인 최종 컨펌하기

- 보도자료 작성해서 마케터에게 전달하기

- 저자와의 만남 이벤트 주선하기

- 재쇄 찍을 때, 저자 확인받고 수정사항 반영하기

교정, 교열, 윤문이란 무엇인가요?

교정(校正)은 한글맞춤법과 표준어규정, 외래어표기법에 따라서 오탈자를 고치거나, 띄어쓰기를 바로 잡는 일입니다.

교열(校閱)은 원고의 내용을 바로잡는 일입니다.

윤문(潤文)은 좀 더 문학적인 느낌이나 저자의 생각을 더 담도록 글을 다듬는 일입니다.

좋은 책이란?
- 다른 곳에서 접할 수 없는 유일한 뭔가를 담은 책
- 읽기 전과 읽은 후, 독자를 변화시키는 책
- 마음을 충만하게 하는 책
- 종잇값, 그 이상의 가치가 있는 책
- 다른 사람에게 추천하고 싶은 책

나쁜 책이란?
- 잘못된 정보를 담은 책
- 편견을 갖게 하는 책
- 심리를 불안하게 하면서 공포를 조성하는 책

편집자는 어떤 것이 힘든가요?

픽션 분야인 시, 에세이, 소설은 편집자가 관여를 덜 하지만 논픽션 분야는 편집자가 깊게 관여합니다. 논픽션 분야는 기획도 편집자가 해주고, 원고 방향도 잡아주며, 문장도 고쳐주는 경우가 많습니다.

그런데 편집자는 그 출판사를 그만두면 판권에서 이름이 빠집니다. 그리고 이제 더는 그 책을 만드는 데 깊이 관여하고, 대부분을 만든 그 담당 편집자의 책이 아닙니다.

하지만 작가는 여전히 언제나 그 책의 주인이지요. 그런 아쉬움으로 편집 일에 회의를 느껴서 편집 일을 그만두고 작가가 되는 경우가 있습니다. 편집자 출신 작가들이 꽤 많습니다.

저도 조금만 글을 잘 쓸 수 있었다면 진작 작가가 되었을 거예요.

#편집자의 무게 1

제가 다니는 회사는 많은 부서가 있습니다. 수백 명의 사람이 있지요.

거기에서 출판본부는 회사 전체규모에서 작은 파트에 불과합니다.

퇴사하거나 이직을 하는 다른 부서 사람들을 보면 그 가벼움이 부럽기도 합니다. 편집자는 퇴사하기가 절대 쉽지 않습니다. 오랫동안 진행해온 책이 있다면, 관련된 스태프들에게 미안함이 큽니다. 글 작가, 그림 작가, 디자이너, 혹은 외주진행자에게 모두 작별을 고해야 합니다. 중간에 일을 놓는 배신자가 되어 버립니다.

책 20권을 진행하고 있었다면 20권의 스태프들에게 미안한 마음을 담아 작별을 고해야 합니다. 그중에는 편집자가 발굴해서 키운 작가도 있고 간신히 설득해서 함께 작업하게 된 일러스트레이터도 있습니다. 편집자의 퇴사는 그래서 절대 쉽지 않습니다. 그 책임감의 무게가 엄청납니다.

이런 이유로 편집자는 월말이 아니라 시리즈 마감에 맞춰서 퇴사를 결정합니다. 책을 만들어내는 창의적이고, 생산적인 작업이 항상 신나지만 퇴사할 때는 그 누구보다 마음이 무겁습니다.

#편집자의 무게 2

원고에 대해서, 디자인에 대해서 작가나 디자이너나 거래처에
난처한 이야기를 해야 할 경우가 많습니다. 어떻게 핑계를 대야 할까, 어디까지 이야기해야 할까 하고 수많은 고민에 빠집니다. 작가는 작가대로, 디자이너는 다들 제각각 더 심한 오해를 하고, 더 상처받기도 합니다.

가장 좋은 고민 해결 방법은 솔직하지만, 너무 감정적이지 않은 담백한 어조로 지금 편집자가 자신이 무엇에서 더 나아가지 못했는지, 어떤 방식으로

해결책을 찾고 싶은지를 작가에게 또는 협업자에게 감추지 말고, 피하지 말고, 더 시간만 보내지 말고 앞으로 나아가지 못하고 난관에 부닥쳐 있는 상황을 용기 있게 말할 수 있어야 합니다.

이건 꼭 책 만드는 일에만 국한된 것은 아닌 것 같습니다.

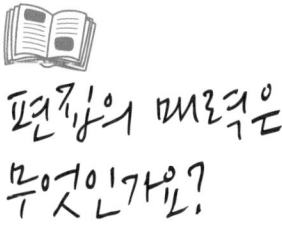

편집의 매력은 무엇인가요?

 편집자가 열심히 노력해서 성공한 시리즈가 있다고 합시다. 그런데 그 성공의 열매는 출판사와 작가들의 몫이고 편집자는 칭찬과 인정, 자기만족만 있을 뿐 경제적인 보상은 거의 없습니다. 그래서 책이 성공할 경우, 담당 편집자는 상대적인 박탈감이 큽니다. 여기까지만 보면, 편집자는 불쌍한 희생양으로 보일 수 있지요.

 하지만 편집자가 회삿돈으로 말아먹은 그 많은 책에 대해 회사는 편집자에게 보상하라고 하지 않습니다. 시행착오를 통해 성장하고 배워가는 편집자에게 회사는 엄청난 투자를 하는 셈입니다. 편집자가 출판사에 돈을 벌어주는 때도 있지만, 책이 실패해서 손실을 가져다주는 때도 있으니까요.

편집자는 이런 사람이랑은 안 맞아요

편집자는 트랜드나 유행에 둔한 사람은 맞지 않습니다. 트랜드를 놓치면 안 됩니다. 나이가 들어도 최신 트랜드나 이슈가 무엇인지를 놓치면 절대 안 됩니다.

요즘 유행하는 키워드는 무엇인지, 제목 스타일과 색상은 무엇인지, 편집 디자인의 구성은 어떤지, 서체는 어떤 게 유행이고, 일러스트 경향은 어떤 것인지 등등 꾸준히 공부하고, 조사하며, 고민해야 합니다.

그런데 하던 대로만 하려고 하고, 트랜드에 관심이 없으면 시대에 맞는 도서 기획을 할 수 없습니다.

문제집들도 제목이나 편집 디자인이 감각적이어야 학생들이 사봅니다. 사전류들도 서체가 예뻐야 합니다. 그 어떤 분야의 책도 하던 대로만 하고 변화가 없으면 독자들의 외면을 받습니다.

자신만이 옳다며 생각을 바꾸지 않는 사람은 편집자를 하면 안 됩니다. 처음 잡은 기획과 제목, 구성안은 책을 만들면서 계속 변할 수 있습니다. 주관은 뚜렷하지만 얼마든지, 독자의 관점에서, 도서 트랜드 측면에서 변화의 흐름에 순응해야 합니다.

처음 잡은 콘셉트에 집착하면서 달라진 것은 그르다고 치부해 버리면
한 발짝도 나아갈 수 없는 함정에 빠져버리지요. 최근에 많은 출판사에서 엉덩이 탐정류를 만들고 있습니다. 그런 그림체와 글 구성을 열심히 따라 하

고 있습니다. 그런 읽기 호흡에 익숙해지는 아이들은 제2의 엉덩이 탐정을 찾을 것입니다.

서점 매대에 그런 부류의 책만 깔리고 아이들이 제2, 제3의 엉덩이 탐정류만 읽는다면 어떻게 될까 하는 고민도 하지만, 편집자라면 자나 깨나 그런 베스트셀러를 만들고 싶습니다.

편집자들은 많은 외주자들을 자주 만납니다. 간혹 유명한 작가분들을 대접하려면 가성비 좋은 맛집보다는 자신이 대접받고 있음을 느끼도록 단독룸에 코스 주문이 가능한 식당을 찾습니다. 열심히 서치하는 편집자는 책도 열심히 잘 만들 가능성이 큽니다. 저자 한 명의 입맛도 만족시키지 못하는 편집자라면 어떻게 저자를 잘 요리해서 멋진 원고를 받아낼 수 있을까요?

책 제목을 짓는 방법

1. 책의 핵심어(키워드)를 찾는다.

2. 가능한 한 분명한 한 단어를 고른다.

3. 베스트셀러, 스테디셀러 제목들을 참고한다.

4. 소설이 아니라면 부제를 넣는다.

신간 기획안 작성 시 다섯 가지 질문

1. 독자에게 유익한가?

2. 출판사의 편집 방향에 맞는가?

3. 저자의 섭외와 집필을 할 수 있는가?

4. 인력과 예산이 가능한가?

5. 총비용 대비 예상 손익이 맞는가?

출판사에 취직하려면 어떻게 해야 하나요?

회사 대부분이 신입을 많이 뽑지 않아요. 출판계도 경력자들을 선호하지요. 큰 출판사 이외의 작은 출판사들은 신입을 뽑지 않습니다. 왜냐하면, 바로 편집일을 할 수 있는 사람이 필요하기 때문입니다.

그래서 신입사원들이 출판사에 들어가서 일을 배울 수가 없어서 편집 일을 미리 배워 준비된 편집자가 되어야 합니다.

출판인이 되고 싶은 친구들에게는 SBI(서울출판예비학교)와 한겨레 출판학교를 추천해 드립니다.

SBI(서울출판예비학교)는

교육 기간은 총 6개월, 시간으로는 798시간입니다. 독서이력서 및 자기소개서 제출, 필기시험(한국어 60분+논술 110분)이 있고 국비 지원입니다. 출판 전문교육을 받은 교육생들이 실력과 역량을 발휘해 직접 제작한 도서, 표지 및 본문 디자인, 마케팅 기획서 등을 전시하여 역량과 자신감을 발휘하는 자리로, 고급인력이 필요한 출판사와 교육생들을 직접 연계하여 취업 활동을 지원합니다.

한겨레 출판학교는

교육 기간은 총 7주, 날짜로는 28일, 시간으로는 140시간입니다. 실제 원고로 출판사와 같은 환경에서 책을 만들어보면서 출판의 전 과정을 익히도록 도움을 주는 교육과정입니다. 예비 편집자는 편집 실무를 익힐 수 있도록, 예비 창업자는 출판사 창업의 ABC와 기본 실무를 익힐 수 있도록 교육 프로그램을 운영합니다.

또한 취업 활동 시 이력서 자기소개서에 대한 지도와 진로 상담, 창업 후 멘토링까지 전임 교수들이 지원합니다.

출판사는 어떤 종류가 있나요?

(독자 대상별)
1. 유아, 초등 대상
2. 청소년 대상
3. 어른 대상

(도서 분야별)
1. 단행본
2. 전집
3. 문제집, 수험서
4. 교과서, 대학교재
5. 디지털 도서(웹소설, 웹툰)

(도서 장르별)
1. 문학 픽션(시, 에세이, 소설)
2. 비문학 논픽션(사회, 과학, 역사, 예술 등)

자신이 만들고 싶은 도서의 독자 대상, 분야, 장르가 무엇인지를 파악한 뒤, 그에 맞는 출판사를 찾아야 합니다. 작은 출판사보다는 큰 출판사를 선호한다면, 교과서나 학습지, 전집을 내는 교육출판사인 '천재교육', '비상', '웅진출판사', '교원', '미래앤' 같은 곳에 도전해야 합니다.

순수문학이나 자기 계발 도서 같은 단행본을 좋아한다면 '민음사', '문학동네', '창비', '열린책들', '21세기북스', '김영사', '위즈덤하우스' 같은 출판사가 있습니다.

만화, 웹툰, 웹소설을 만들고 싶다면 전자책 플랫폼 회사인 '네이버 웹툰', '문피아', '카카오페이지', '조아라' 등이 있습니다. 출판사 형태의 회사인 '학산문화사', '다산북스', '로크미디어', '디앤씨미디어' 같은 출판사에 가야 합니다.

홍연선

메타버스 디자이너 | 서울예술대학교 실내디자인과 | 홍익대학교 실내건축학과 석사

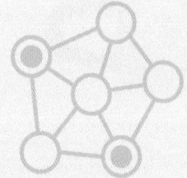

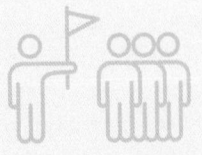

CHAPTER
06

메타버스
가상공간 디자이너

메타버스 가상공간
디자인하기

메타버스 디자이너란?

메타버스 전문 디자이너 홍연선입니다. 요즘 제 주변 사람들은 제가 메타버스 만드는 일을 하고 있다고 하면 마치 다른 세상 사람을 보는 듯 신기해합니다. 워낙 매스컴에서 메타버스에 관해 많은 기사를 내보내고 있는 만큼 메타버스에 대한 사람들의 관심이 높아졌기 때문이겠지요?

출처: mundissima/Shutterstock.com

페이스북이 사명을 Meta로 바꾸면서 메타버스는 2021년을 뜨겁게 달군 세계적인 단어가 되었습니다. 그래서 메타버스 디자이너라고 저를 소개할 때 사람들의 질문은 비슷합니다.

"메타버스, 메타버스 하는데, 메타버스가 도대체 뭐냐?"

"어떻게 그 어려운 일을 하게 되었냐?"

"실내건축을 공부했는데 그게 메타버스랑 무슨 상관이냐?"

등등 질문도 다양합니다.

현실과 연계된 가상세계 〈출처: Shutterstock.com〉

저도 사실 실내건축을 전공할 때만 해도 제가 메타버스 디자이너가 되리라고는 생각지 못했습니다. 그냥 3D 디자인 툴과 2D 디자인을 위한 툴을 배우는 실내디자인과에 다니는 학생이었습니다. 메타버스라는 용어는 1992년에 발간된 닐 스티븐슨(Neal Stephenson)의 소설 『스노 크래시』에서 처음 사용되었고, 2009년 이후부터 게임 분야에서 통용되는 용어였지만, 제가 대학을 다니던 2015년 전후로도 들어본 적이 없는 용어였습니다. 입사한 회사에서 막상 메타버스 디자인을 시작하고 보니 실내건축을 하는 일은 메타버스를 디자인하는 것과 밀접한 관계가 있었습니다. 이제부터 그 이유를 메타버스라는 용어의 뜻과 함께 설명해 드리겠습니다. 메타버스는 초월이라는 뜻의 메타(Meta)와 세상이라는 뜻의 유니버스(Universe)의 합성어입니다. 메타버스는 가상현실, 증강현실, 거울 세계 그리고 라이프로깅 이렇게 네 가지의 의미가 있습니다.

메타버스(Metaverse)의 의미

기술 연구 단체인 ASF(Acceleration Studies Foundation, www.accelerating.org)는 메타버스(Metaverse)를 구현하는 네 가지 유형을 증강현실, 라이프로깅, 거울 세계, 가상세계로 구분하였습니다. 김상균 교수님의 저서 『메타버스』에서 인용하여 각 용어의 의미를 간략히 살펴보겠습니다.

증강현실(Augmented Reality)은 스마트폰이나 태블릿 PC와 같은 디바이스에서 실제 환경에 가상의 사물이나 정보를 합성하여 보이게 하는 기술입니다. 영상, 이미지, 정보 등이 합성되어 보일 수 있습니다. 가장 유명한 사례로 GPS 기반 증강현실 (AR) 게임인 포켓몬 고(Pokémon GO)가 있습니다.

가상현실(Virtual Reality)은 컴퓨터 그래픽으로 가상의 사이버 공간을 구축한 것입니다. 현실과 전혀 연계가 없는 가상의 사회, 세계관, 인물이 등장하고 생활할 수 있습니다. 또한 최근까지도 메타버스는 이 가상현실과 같은 의미로 여기기도 했습니다. 가상공간 안에 상호작용을 실현하여, 현실 세계와 같거나 현실 세계에서 불가능한 상황까지 실제 상황처럼 체험할 수 있도록 구축되기 때문입니다.

거울 세계(Mirror world)는 현실 세계를 복사하되 정보성과 편의성을 더한 상태를 말합니다. 대표적인 것이 구글 지도입니다. 현실의 지도를 보여주고 있지만, 지도 안의 상점의 영업시간, 식당의 메뉴와 가격까지 정보와 편의성을 더하고 있습니다. 우리가 많이 사용하는 카카오 내비게이션, 배달 앱, 부동산 앱 등이 대표적인 거울 세계입니다. 최근 학교 교실을 대체하는 ZOOM도 거울 세계로 분류됩니다.

라이프로깅(Lifelogging)은 자신의 삶에 관한 다양한 경험과 정보를 기록하여 저장하고 공유하는 활동을 의미합니다. 페이스북, 인스타그램, 카카오스토리, 트위터와 같은 SNS가 대표적인 라이프로깅의 사례입니다. 카페에 글을 올리고, 블로그를 관리하는 것도 라이프로깅입니다. 아날로그 시대로 치면 일기를 쓰는 것이 대표적인 라이프로깅이라고 할 수 있

일상을 기록하는 라이프로깅 〈출처: Shutterstock.com〉

습니다.

출처: 『메타버스 FOR 에듀테크』, 다빈치 Books

제 전공이 실내건축이고 실내건축 디자이너는 과거에는 물리적인 공간, 오프라인 공간을 구축하기 위해서만 디자인을 했습니다. 하지만 지금은 오프라인 공간 대신 온라인에 가상공간을 구축하기 위한 디자인을 하는 게 차이일 뿐입니다. 과거에는 실내건축가들이 시공하고 나면 고객의 마음에 들지 않을까 봐 사전에 실내조감도를 보여주고, 시뮬레이션해 보기 위해 사이버 모델하우스를 구축하는 일을 하기도 했습니다.

메타버스로 인해서 디자이너의 수요가 지금은 폭발적으로 늘어나 실내 인테리어를 위한 목적이 아니라 애초부터 온라인 가상세계에서 이미지를 보여주기 위한 목적으로 디자인합니다. 과거에는 실내건축 시공팀과 일을 했다면 이제는 웹사이트 구축 엔지니어와 일하게 되었다는 것이 큰 차이점입니다.

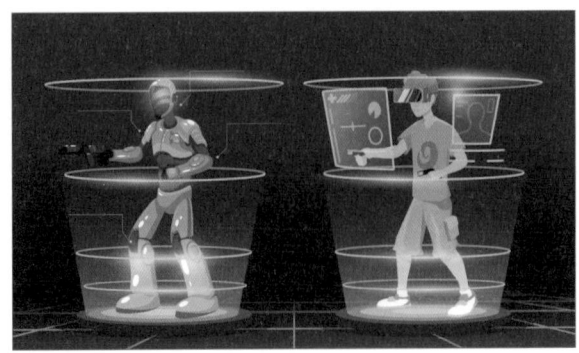

가상공간의 아바타 〈출처: Shutterstock.com〉

오프라인 공간은 사람들이 직접 이동하고 움직이는 곳이지만, 가상공간은 사람들이 아바타를 만들어 온라인으로 접속하고 닉네임을 활용하여 생활하는 곳입니다. 이 가상공간에서 일상에서 진행했던 사회적 경제적인 활동이 모두 가능하다면 그곳을 메타버스라고 부릅니다. 저는 메타버스를 디자인할 때 거울 세계의 개념을 많이 사용합니다. 거울 세계란 현실 세계를 복사하되 정보성과 편의성을 더한 상태를 말합니다. 현실의 복사판인 거울 세계에서 사람들이 아바타를 만들고 닉네임으로 가상공간에서 활동하게 되는 상황을 떠올려 봅니다.

메타버스에 처음 입주한 사람들은 낯설기보다 익숙한 공간에서 더 안정감을 느끼고 재미를 느낄 수 있다고 생각하기 때문입니다. 메타버스는 아바타들이 움직이는 공간이기 때문에 제가 단순한 일러스트 디자이너가 아니라 실내건축을 전공하면서 배운 지식과 경험들이 메타버스를 구성하는 데 큰 도움이 되고 있습니다.

인테리어 학과에 입학하기까지

제 꿈이 처음부터 실내건축가는 아니었습니다. 중학교까지는 국어 선생님이 되는 것이 꿈이었습니다. 글을 읽으며 상상하고 또 글을 쓰는 것을 좋아했기 때문입니다. 그런데 고등학교에 들어갔는데 우리 학교는 미술부가 유명

했고, 친구 모두가 미술부에 들어가고 싶다고 했습니다. 저도 덩달아 미술부에 지원했지만, 준비 없이 지원한 탓인지 떨어지고 말았습니다.

하지만 고등학교 2학년 때 기회가 찾아왔습니다. 우연히 미술 시간에 제 그림을 눈여겨보신 미술 선생님의 제안으로 다시 미술을 전공해야겠다고 마음먹게 되었고, 입시를 위한 미술 공부를 본격적으로 하게 되었습니다. 학원에 다니면서 입시에 필요한 디자인 기초 등을 배웠고, 서울예술대학교 실내디자인과에 합격했습니다. 지금 생각해 보면 실내디자인, 인테리어에 대한 흥미는 꾸준히 있었습니다. 대학에 진학한 후에 한국 인테리어 디자인대전, 대한민국디자인전람회 등 인테리어 분야 유명 공모전에 지원하고 수상도 하면서 디자인에 대한 자신감도 얻게 되었습니다.

학교에서 어도비 포토샵, 일러스트, CAD, 3Ds Max, 스케치업 등을 배우고 부족한 부분은 선배들과 전문가들의 노하우를 배우기 위해 열심히 뛰어다녔습니다. 상상하는 것을 구현하려면 적합한 툴을 능숙하게 활용해야 하고, 그것은 디자이너에게 매우 중요합니다. 다른 분야도 마찬가지입니다만 그러니 최선을 다해 배우고, 익혀 내 것으로 만들 수밖에 없지요.

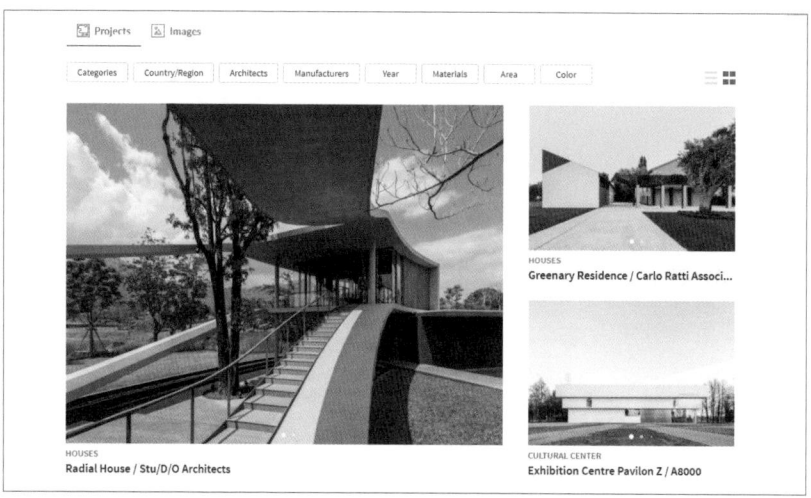

건축 인테리어 사례를 참고 사이트 아키데일리(https://www.archdaily.com/)

모형 작업

제가 지원한 대학원은 공대에 소속되어있는 실내건축학과였습니다. 이곳에서 제가 연구하고 싶은 분야에 관한 공부를 할 수 있었습니다. 저는 복합문화공간이자 식음 공간을 연구하고 싶었고 그렇게 논문 차수인 4학기에 무사히 논문까지 마치고 졸업하였습니다. 대학원에서는 본인이 얼마나 열심히 하느냐에 달린 것 같습니다. 본인이 연구하고 싶은 분야가 확실하면 그 분야에 대해 전념해서 공부할 수 있는 곳이니까요. 이곳에서 2년간 공부하면서, 대학교 때는 몰랐던 저의 관심 분야를 알게 되었습니다. 저는 실내건축의 한 부분이지만, 내부를 기획하고 동선, 기능 등을 부여하는 것에 흥미가 있다는 것을 깨달았습니다.

메타버스 디자이너가 되기 위한 여정

2020년에 홍익대학교 대학원을 졸업하고 첫 직장으로 오프라인 전시관을 구축하는 회사에 들어갔습니다. 첫 직장은 강원도 태백시에 있는 청소년 안전 체험관과 같은 박물관, 체험관을 직접 기획하고 구축하는 일을 하는 회사였습니다. 면접을 보고 입사를 한 후 저는 3D 디자인과 2D 디자인을 바로 온라인 가상전시관에 구축하는 일을 맡았습니다. 때마침 코로나19의 확산으로 오프라인 행사와 전시가 입장객 수 제한으로 불가능하여 디자인 팀에서 디자인한 결과물을 바로 온라인으로 올려 사람들이 볼 수 있도록 하는 전 과정에 참여하게 되었습니다. 코로나19가 확산하지 않았다면 디자인을 계속 수정하고 보완하여 설계하고 시공하는 현장에 가서 감리를 보는 일까지 맡아서 했겠지만, 온라인 전시의 경우 모든 과정이 온라인 안에서 이루어졌습니다.

저는 전시관 내부에 들어갈 이미지를 구축하면서 전시관 부스 하나하나를 만들다 보니 그 과정은 힘들었지만, 재미있었습니다. 온라인 전시 날짜가 다가올수록 점심도 거르고 일해야 하는 날이 많았고, 온종일 정신없이 일에만 몰두했습니다. 무기한의 일정이 아닌 기약이 있는 일정이다 보니 어쩔 수 없었고, 중간발표 과정에서 수정도 있었습니다. 하지만 제 디자인이 온라인 상태에서 바로바로 확인할 수 있고, 수시로 접속하여 시뮬레이션 되는 재미에 빠져 시간 가는 줄 모르고 디자인에 매진하였습니다.

가상전시관에 붙일 이벤트 아이콘도 디자인하고 각종 대학의 로고도 붙이면서 가상전시관의 완성도를 높여갔습니다. 그러면서 문득 학생 때가 다시 떠올랐습니다. 학생일 때 제 특징을 설명해 드리자면 대학원에서 실내건축을 전공하긴 했지만, 3D로 디자인하는 것보다 2D 평면에 디자인하는 것을 좋아하는 애매한 전공생이었습니다. 석사과정을 마치고 가게 된 첫 직장에서 3D 가상전시관을 디자인하면서 과연 내가 3D 디자인을 계속하는 것이 맞는지에 대한 의문이 들었습니다. 물론 지금은 그 애매함이 제 최고의 장점이 되었지만 말입니다. 무슨 말이냐고요?

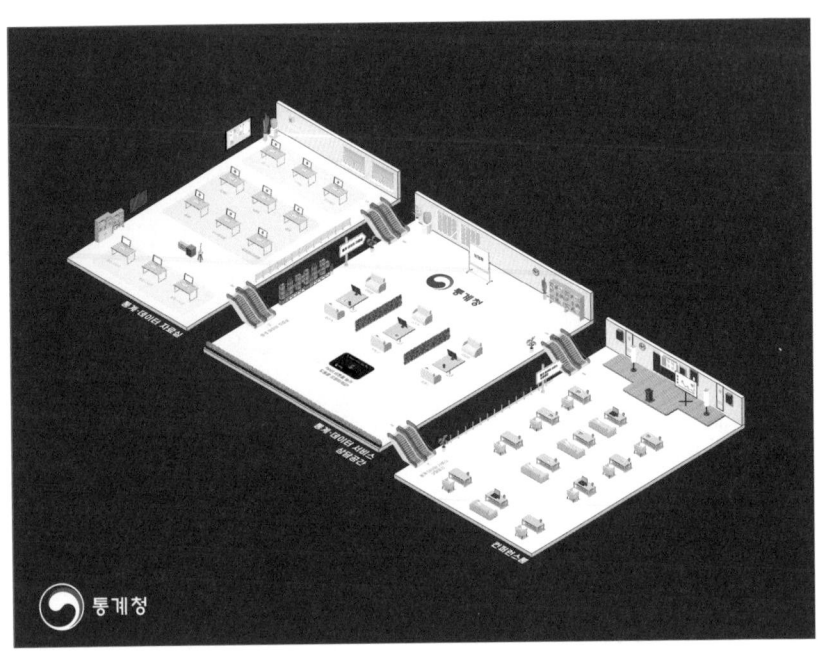

2.5 D 이미지로 제작한 통계청 행사 게더타운 평면

지금부터 메타버스라는 유망한 사업 분야에서 제가 삼성전자, 교보생명 등의 대기업 메타버스를 구축하게 되는 과정을 이야기하겠습니다. 사실 코로나19로 인해 최근 실내건축 디자이너가 설 자리가 많이 없어졌습니다. 예전보다 일 자체가 줄어들었기 때문입니다. 코엑스나 킨텍스에서 개최하던 대형 행사들은 사회적 거리두기로 현저히(30% 이하) 줄었습니다. 그 대신 온라인 행사들이 그 자리를 채우게 되었습니다. 따라서 메타버스 디자이너가 필요했고, 앞으로 그 수요는 엄청나게 늘어날 것입니다.

메타버스 디자이너란 무엇을 하는 사람인가?

메타버스의 참여자들은 가상공간에 입장하게 됩니다. 제페토나 이프랜드와 같은 플랫폼은 모바일 기기를 사용해서 입장하고, 게더타운이나 로블록스의 경우에는 주로 PC를 활용해서 입장하게 됩니다. 메타버스 디자이너가하는 첫 번째 일은 유저들의 요구를 파악하고 분석하는 일입니다. 유저들이맨 처음 가상공간에 입장했을 때 무엇을 기대할지, 보고 싶은 것은 무엇일지그리고 어떤 이정표를 보고 이동할지, 그 과정에서 어떤 어려움을 겪게 될지등을 상상해 봅니다.

메타버스에 참여하는 유저들의 동선을 편리하게 구성하는 기획안을 수립하는 것이 디자인의 시작입니다. 보통 오프라인 전시는 기획자들이 따로 있습니다. 메타버스 역시 기획자가 있습니다. 하지만 직접 이동하는 게 아니라온라인상에서 이동하기 때문에 디자이너는 기획자와 함께 초안을 스케치하면서 아바타가 이동하는 동선을 함께 구성합니다. 가상공간 안에서 길을 잃거나, 헤매지 않도록 돕는 일부터 유저가 메타버스에서 경험하는 모든 것을디자인하는 사람이 바로 메타버스 디자이너입니다.

기획자와 디자이너의 차이점에 관해서도 설명해 드리겠습니다. 메타버스에는 디자인만 있는 게 아닙니다. 텍스트, 영상, 평면 이미지, 연동된 웹사이트, 기능성 공간 등이 모두 연동되어 있습니다. 예를 들어 신입사원들에게 회사를소개하는 영상이라면, 그 영상을 플레이하는 유저에게 내용을 전달하고, 또 쉽게 영상을 플레이하도록 유도하는 일은 기획자가 담당하고, 그 공간을 효율적으로 구성하고 최대한 아름답게 표현하는 일은 디자이너가 담당합니다.

특히 디자이너는 상상을 이미지화해서 디자인으로 보여주는 역할을 담당하므로 메타버스 세계에서 3차원으로 디자인을 상상하면서 기획을 보완하는 일까지 해야 합니다. 아바타의 이동 동선을 짜보고, 게더타운에 앉혀 보기도 하면서 좀 더 사용자들이 편리하게 가상공간을 활용하도록 수정하고 보완하는 작업도 디자이너의 몫입니다.

메타버스 거울 세계 구축하기

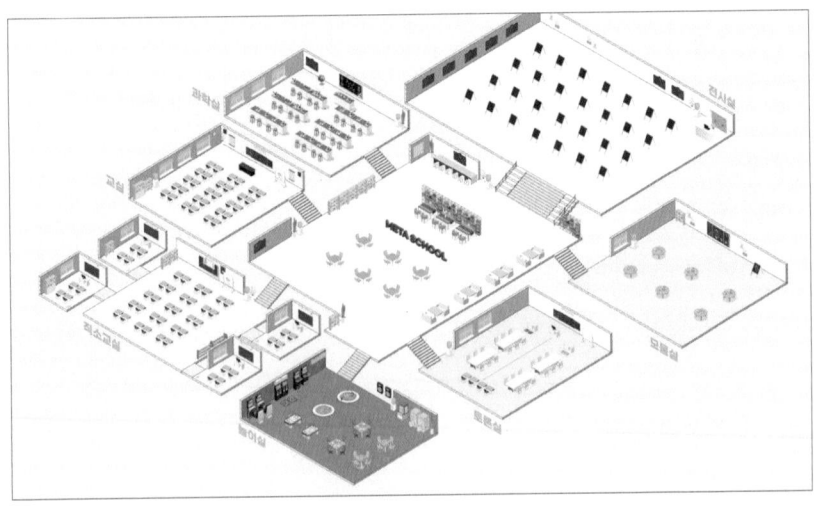

메타스쿨 디자인

1) 현장답사

메타버스 거울 세계 구축 시 디자인의 첫 단계는 바로 현장답사를 하는 것입니다. 과거에는 3D 공간을 기획한 기획서를 토대로 아름답게 디자인하는 것이 디자이너의 실력이었습니다. 하지만 거울 세계의 경우에는 가장 현실과 똑같이 만들어 낼수록 메타버스에 참여한 사람들이 초기 참여 시에 안도감을 느끼고 충분히 몰입해 오랜 시간을 머무르며 공간을 탐색한다는 사실을 알게 되었습니다. 따라서 사람들이 현실에서 많이 머무르는 공간을 중심으로 사진을 찍습니다.

2) 아바타 이동 동선 기획하기

구축할 공간들이 결정되면 아바타의 동선을 체크합니다. 아바타들이 어느 곳으로 들어와서 어느 곳으로 나가는지 고민하면서 입구와 출구를 지정하고, 시선을 고정한 후 밑그림을 그리고 그에 맞춰 다른 오브젝트들을 보기 좋게 배치하여 초안을 디자인합니다.

삼성전자 DX 메타버스 동선 구상을 위한 스케치

3) 메타버스 디자인 작업

초기 디자인을 하고 나면 메타버스 오픈 시점까지 공간을 활용하고 안내하는 사람들이 함께 참여합니다. 전체 디자인 과정에서 플레이어가 테스트합니다. 그러고는 어떤 점을 개선해 달라는 자신들이 요구 사항을 수기로 작성합니다. 그런데 이분들은 때로 엉뚱한 요청을 하기도 합니다. 이런 경우 디자인상으로 더 아름답게 해달라는 요구가 대부분입니다. 그럴 때면 저는 왜 이렇게 디자인하는 게 최선인지를 장황하게 설명해야 합니다. 즉, 메타버스는 아름답고 매력적인 디자인이어야 하지만, 아바타들이 쉽게 돌아보고 또 이동할 수 있어야 한다고 말이죠.

이런 이유로 디자인 시안을 보여주기 전에 게더타운에 직접 앉혀서 링크를 납품하기도 합니다. 아바타를 직접 움직여 공간을 이동하는 것과 이미지만 보는 것에는 차이가 큽니다. 게임 디자인 기업에 인터렉티브 디자인이라는 개념이 있는데, 개발 과정에서 디자인, 테스트, 결과분석을 반복해서 하는 기업입니다. 해당 기법을 메타버스 개발에 적용하면 디자인한 결과물을 계속 반복해서 적용해 보고 또 수정하는 것을 게더타운에서 진행할 수 있습니다.

과거에는 구현해 보고 수정하는 일을 엔지니어들에게 요청해서 해야 했기에 시간이 오래 걸렸습니다. 하지만 이제는 이미지만 있으면 바로 메타버스를 구동해 볼 수 있도록 설계되어 있어서 엔지니어와 함께 온라인에서 시뮬레이션할 필요 없이 디자이너가 직접 디자인을 업로드하고 메타버스 내부에서 효과를 낼 수 있는 시대가 되었습니다.

디자인이 확정되고 메타버스가 완성되면 기획자와 디자이너는 이미 만드는 과정에서 해당 메타버스에 익숙해져 있습니다. 하지만 처음 입장하는 사용자는 모든 게 낯섭니다. 그러므로 처음 입장하는 사용자를 위해 메타버스 위치를 잘 알 수 있도록 안내표지판을 꼼꼼히 세워 두는 배려가 필요합니다. 디자이너는 직접 여러 번 이동해 보기도 하고, 또 주변 사람들에게 부탁해서 이동해 보게 하면서 동선을 점검합니다. 그런 다음 피드백을 반영하여 더 세세하게 동선 구성작업을 하기도 합니다.

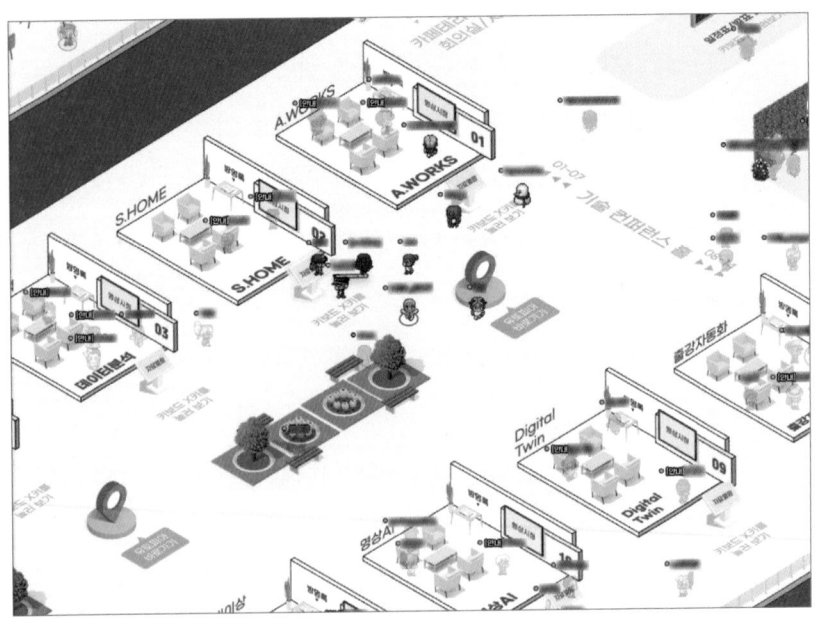

동선을 고려한 메타버스 디자인

메타버스 디자이너의 장단점

메타버스를 구축하는 목적은 물리적 공간에서 행사를 진행하듯 가상공간에서 사람들이 모여 행사를 진행하기 위한 경우가 많습니다. 특정한 날에 사람들을 초대하는 행사를 준비하고 또 운영하기 위해서는 준비할 것이 정말 많습니다. 저는 디자이너로서 기획된 공간을 최대한 실재감 있게 디자인하려고 애씁니다. 네이버 국어사전에 보면 실재감이란 "그려진 물건이 실물인 듯한 느낌"을 말합니다. 메타버스의 개념 중에는 '거울 세계'에 해당합니다.

어떤 플랫폼을 활용한 메타버스이든 처음 초대된 사람은 참여하는 가상공간에 대해 큰 기대를 걸고 참여합니다. '어떻게 구성되어 있을까? 재미있겠다'라고 생각하는 긍정적인 기대감도 있지만, '너무 낯설어서 길을 잃는 것은 아닐까?' 하는 불안감도 있습니다. 3D 게임 등을 통해서 메타버스에 익숙한 10~30대가 참여하는 가상공간을 디자인할 때는 최대한 상상력을 발휘해서 새로운 공간을 아름답게 구성하려고 합니다.

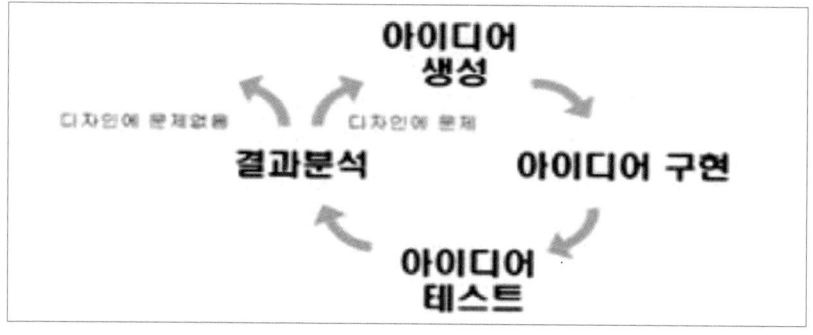

특히 40대 이상의 사람들이 참여하는 행사를 치를 때는 실재감이 최대한 느껴지도록 디자인하려고 합니다. 그 까닭은 최초에 참여한 사람이 상상하는 그대로를 메타버스에서 보여주고 싶어서입니다. 사실 상상하면서 그 이미지를 실재감 있게 디자인하는 것은 디자이너로서 정말 신나는 일입니다. 하지만 그 점이 역으로 힘든 점이 되기도 합니다. 메타버스 디자이너로서 가장 힘든 점은 스스로 만족한 디자인이 탄생했더라도 클라이언트가 요구하는 대로 다시 만들어야 한다는 것입니다.

무슨 이야기냐고요? 제가 기획하고 디자인한 결과물에 대해 담당자들은 입이 마르게 칭찬합니다. 그런데도 클라이언트 쪽의 간부나 대표가 흡족해하지 않으면 수정해야 할 때가 많습니다. 하지만 제가 스스로 공간을 창조하고 디자인하긴 하지만, 결국 클라이언트의 요구 사항을 분석해서 그분들의 상상을 실현해 주는 방향으로 진행되기 때문에 디자이너로서 힘들 때가 많습니다. 하지만 제가 구축한 메타버스 공간 안에 참여하는 사람들이 있고, 그속에서 신기해하며 콘텐츠도 보고 이동하는 모습을 보면 다시 힘이 솟습니다. 결국, 이 모든 과정이 많은 사람의 즐거움을 위한 일이었다고 생각하면 메타버스 디자이너로서 자신감도 되찾고, 다시 행복해집니다. 여러분도 메타버스 디자이너를 꿈꾼다면 일 자체를 즐기려고 노력하는 게 가장 필요합니다. 멋진 메타버스 디자이너 후배들이 많아지길 고대하며 글을 마칩니다.

메타버스 인공지능의 시대 **미래직업 다이어리 1**

신도형, 탐이부, 한재혁, 박찬, 이정훈, 김태원, 변문경 지음 / 240쪽 / 16,000원

발행 2021년 5월 20일 / ISBN 979-11-86742-92-1

웹툰 기획자, 웹툰 작가, 게임 개발자, 미래 교사, 인공지능 챗봇 개발, 드라마 창작과 제작, 융합 콘텐츠 크리에이터 등 미래형 직업의 모든 것

목차

저자 소개

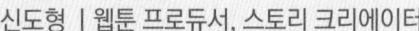

신도형 ㅣ 웹툰 프로듀서, 스토리 크리에이터

1999년~2006년 한성대학교 응용어문학 학사, 홍익대학교 광고홍보대학원 석사
2005년~2010년 광고 AE, 브랜드 컨설턴트
2010년~2021년 스토리 컨설턴트, 피칭디렉터
2015년~2021년 영화, 드라마, 웹툰 스토리 작가
2019년~2021년 웹툰 프로듀서, 스토리 크리에이터, 영상 제작자
2015 대한민국 스토리 공모대전 최우수상
현재 웹툰 제작회사 (주)투유드림 이사
한성대학교 크리에이티브 인문학부 겸임교수

탐이부 ㅣ 웹툰 작가

2001년~2003년 치요다공과예술전문학교 애니메이션과 졸업
2003년~2005년 OLM 디지털 캐릭터 디자인, 애니메이터
2011년 웹툰 〈나오늘씨의 소심한 미친짓〉, 서적 〈쌩툰, 두살가족〉으로 데뷔
대표작품: 흡혈고딩 피만두, 찬란한 액션 유치원, 아임 펫!

한재혁 | 게임 개발자
1989년~1996년 연세대학교 전산학과 학사
2017년~2019년 성균관 대학교 창업대학원 창업학석사
2002년~2010년 엔씨소프트 리니지2
2012년~2015년 엔씨소프트 블레이드 앤 소울
2016년~2021년 엔씨소프트 Project A2
주요 관심 분야: 게임 개발, 프로젝트 매니지먼트, SW 교육

박찬 | 교사
인천삼산초등학교 교사 | 인하대학교 교육학 박사
2016 올해의 과학 교사 | 인하대학교, 경인교육대학교 강사
전국 STEAM 교사연구회 책임연구원 | 과학, 영재, 융합장관 표창
과학, 창의성 교육 / STEAM 교육 / 발명, SW, 인공지능 교육

이정훈 | 챗봇 개발자
2019년 경기대학교 응용통계학과, 컴퓨터과학과(공학사)
2019년~2020년: 성균관대학교 소프트웨어학 석사
2021년~현재 인터파크 챗봇개발팀
주요 관심 분야: 자연어처리(Natural Language Processing)
감정 분석(Sentiment Analysis),
대화형 시스템(Dialogue system)

김태원 | 스토리, 드라마 제작자
고려대학교 법과대학 법학과 졸업
2021 푸른여름스토리연구소 주식회사 대표이사
한국콘텐츠진흥원 콘텐츠해외진출지원센터 자문위원 등
2021년 이전 CJ E&M 드라마국장, MBC 드라마 선덕여왕문화산업전문회사 대표이사,
올리브나인 드라마사업본부장, 초록뱀미디어 총괄부사장
SBS 콘텐츠허브 전략기획팀장, 한국예술종합학교 영화과, 고려대학교 미디어학부,
한양대학교 문화콘텐츠학과, KT&G 상상마당아카데미, 한겨레교육문화센터 강사

변문경 | 융합 콘텐츠 크리에이터
성균관대학교 사범대학 교육공학 박사 (Ph. D)
성균관대학교 인공지능융합학과 박사과정
STEAM 교육, 인공지능교육, 프로젝트 기반 학습
주요 관심 분야: STEM 교육, 인공지능 융합교육, 자연어처리,
인공지능 콘텐츠 생성 API 개발, 스토리텔링

메타버스 인공지능의 시대 **미래직업 다이어리 2**

김준수, 최승홍, 이유진, 아이박슨, 손미현, 김정현, 변문경 지음 / 229쪽 / 16,000원

발행 2021년 7월 17일 / ISBN 979-11-86742-47-1

SBS 예능 PD, 의과대학 교수, 연예부 기자, 웹소설 작가,

미래 교육 콘텐츠 개발자, 신소재공학자 등 미래형 직업의 모든 것

목차

CHAPTER 06
'인싸'가 된 연료전지 개발자

- 공과대학 교수가 되는 단계
- 교수: 교육자의 길 / 연구자의 길
- 연구자의 길
- 연료전지 연구를 담당하는 신소재공학과

저자 소개

김준수 | SBS 예능본부 PD

대원외국어고등학교 중국어과 | 연세대학교 신문방송학과 학사
SBS 신입 공채 12기(2004년) PD 입사
주요 연출 프로그램 〈즐거운 가〉, 〈백종원의 3대 천왕〉,
〈백종원의 푸드트럭〉, 〈백종원의 골목식당〉, 〈정글의 법칙〉

최승홍 | 서울대학교 의과대학 영상의학교실 교수

전공 분야: 신경영상학 및 분자영상학
1994년~2001년 서울대학교 의과대학 학사
2001년~2006년 서울대학교병원 인턴 및 영상의학과 전공의
2003년~2007년 서울대학교 의과대학 박사(영상의학)
2010년~ 현재 서울대학교병원 및 서울대학교 의과대학 영상의학 교수
290여 편의 국제학술 논문 발표
서울대학교, 서울대학교병원, 대한영상의학회 최우수연구자상 등 다수 학술상 수상
주요 관심 분야: 신경영상, 뇌종양영상, 인공지능의 MRI 적용, 나노의학 등

이유진 | 스포츠경향 기자

1998년~2002년 건국대 영어영문학과 학사

2003년~2005년 서울문화사 편집부

현재 경향신문사 스포츠경향 엔터부

2019 방송통신위원회 방송대상 본심 심사위원 위촉

2020 MAMA(엠넷 아시안 뮤직 어워즈) 전문 심사위원 위촉

주요 관심 분야: K팝, 한류, 방송, 유튜브, 라이프

아이박슨 | 웹소설 작가

2005~2007년 판타지 소설 검은 태양 포함 3질 집필

2007~2011년 전주대학교 국어국문학과

2012~2013년 판타지 소설 2질 집필

2014~2015년 극작가 대본 1편 집필

2016~2017년 프로덕션 보조 PD

2018~2019년 웹소설 '노템 최강헌터' 집필

2020~2021년 웹소설 '무공으로 레벨업하는 마왕님' 집필

주요 관심 분야: 소설 집필, 소설 기획

손미현 | 미래 교육 콘텐츠 개발자

무학중학교 교사

1998년~2002년 이화여자대학교 과학교육과 학사

2015년~2017년 서울대학교 과학교육과 화학전공 석사

2017년~2020년 서울대학교 과학교육과 화학전공 박사

2003년~현재까지 중학교 교사(동대문중, 용마중, 무학중)

2012년~ 현재까지 수백 차시의 융합교육, STEAM 교육, 과학교육, 화학교육,
과학관 교육 관련 콘텐츠 개발 및 관련 서적 집필

주요 관심 분야: 과학교육, 화학교육, 데이터교육, 융합교육

김정현 ∣ 신소재공학 교수

한밭대학교 신소재공학과 교수

1996년~2003년 성균관 대학교 재료공학 학사

2003년~2005년 한국과학기술원(KAIST) 재료공학 석사

2005년~2009년 한국과학기술원(KAIST) 기계공학 박사

2009년~2011년 University of St. Andrews, Research Fellow

2011년~2020년 국립 한밭대학교 조교수 부교수

2020년~현재 국립 한밭대학교 교수

2020년~현재 국립 한밭대학교 공동실험실습관 관장,

연구실 안전관리 센터 센터장

주요 관심 분야: 신재생에너지, 고체산화물 연료전지, 배터리, 세라믹, 전기화학

변문경 ∣ 융합 콘텐츠 크리에이터

성균관대학교 사범대학 교육공학 박사

성균관대학교 인공지능융합학과 박사과정

STEAM 교육, 인공지능교육, 프로젝트 기반 학습

주요 관심 분야: STEM교육, 인공지능 융합교육, 자연어처리,

인공지능 콘텐츠 생성 API 개발, 스토리텔링

에듀테크 FOR 클래스룸 :
한 권으로 끝내는 원격 수업 도구의 모든 것

박찬, 김병석, 전수연, 전은경, 진성임, 정선재, 강윤진, 변문경 | 416쪽 | 25,000원

원격수업에 필요한 모든 디지털 도구의 활용 노하우를 이 한 권에 담았습니다.
온·오프라인 수업에 에듀테크를 더하며 더 편리하게 흥미로운 수업을 설계하고 실현할 수 있습니다.

주요 내용: 온라인 수업, 블랜디드 러닝, 플립트 러닝, 디지털 리터러시, 띵커벨, 카훗, 패들렛, 멘티미터, 실시간 쌍방향 수업, 줌(Zoom), 구글 Meet, 카카오 TV, 영상녹화, PPT 녹화, 윈도우 게임 녹화, OBS, zoom it, 영상편집, 클로버더빙, 브루(Vrew), 곰믹스 (Gom Mix), 유튜브영상 올리기, 무료 폰트, 무료 이미지, 무료 음원, 미리캔버스, 구글 플랫폼 활용하기, 구글 설문, 구글프리젠테이션, 구글스프레드시트, 구글 사이트 도구

우리 아이 AI: 4차 산업혁명 시대 인공지능 융합교육법

박찬, 김병석, 전수연, 전은경, 홍수빈, 진성임, 문혜진, 김성빈, 정선재, 강윤진,

변문경, 권해연, 박서희, 이정훈 공저 | 320쪽 | 24,000원

인공지능 교육은 어떤 방향성을 가지고 진행해야 할까요? 인공지능 교육에 대한 정보, 고민과 해답을 "우리 아이 AI" 이 한 권에 담았습니다. 인공지능 교육은 일상생활에서 문제를 해결을 위한 인공지능 활용 교육이 중심이 되어야 합니다. 인공지능 교육에 대한 방향성, 선진 인공지능 교육 사례, 스마트 폰 속 인공지능 도구에 대한 교육적 활용 방법을 소개한 첫 책입니다.

쉽게 따라 하는 인공지능 FOR 클래스룸

박찬, 전수연, 진성임, 손미현, 노희진, 정선재, 강윤진, 이정훈 | 212쪽 | 18,000원

온·오프라인 수업에서 인공지능을 활용할 수 있는 가장 실용적인 지침서입니다.
온·오프라인 수업에서 실현하는 인공지능 에듀테크의 모든 것을 이 한 권에 담았습니다.

4차 산업 수업 혁명: with STEAM 교육 & Maker 교육

최인수, 변문경, 박찬, 김병석, 박정민, 전수연, 전은경 공저 | 264쪽 | 25,000원

STEAM 융합 교육에서 SW 교육으로 더나아가 만들기 활동으로 세상과 상호작용할 수 있는 메이커 교육이 확대되고 있습니다. 이렇게 교육 혁신이 가속화되는 이유는 4차 산업혁명으로 사회, 경제적 시스템이 변화하며 미래 인재상도 변화하기 때문입니다. 이러한 교육의 패러다임의 전환기에, 본 책은 인간 본연의 창의성을 강화하기 위한 메이커 교육의 역사와 정신, 방향성을 제시하고 있습니다. 또한 이 책의 저자들은 코딩 교육, STEAM 융합 교육, 그리고 메이커 교육의 이상적인 통합 방법을 사례를 통해 보여줍니다.

메타버스 인공지능의 시대

미래직업 다이어리 3

초판 1쇄 인쇄	2022년 3월 6일
초판 1쇄 발행	2022년 3월 12일
저자	오준원(저스틴 오), 김보연, 이우탁, 이상문, 김현정, 홍연선, 변문경
기획	변문경, 이유진
책임편집	김현
디자인	이시은(디자인 다인)
펴낸곳	다빈치 books
제작	㈜메타유니버스 www.metauniverse.net
출판등록일	2011년 10월 6일
주소	서울특별시 마포구 월드컵북로 375
팩스	0504-393-5042
전화	070-4458-2890

콘텐츠 및 강연 관련 문의   curiomoon@naver.com

다빈치 books